Inhalt

Rezeptinfos

SmartPoints Wert und zusätzlich kcal/kJ pro Person/Glas/Stück

Dieses Symbol zeigt dir, wie du das Rezept variieren kannst.

Gut zu wissen – Tipps und Tricks sowie hilfreiche Warenkunde erkennst du an diesem Symbol.

Extra für dich: Auf den Rezeptseiten erfährst du direkt neben dem SmartPoints Wert, ob ein Rezept gluten- oder laktosefrei, vegan oder vegetarisch ist. Die Kennzeichnung ist rein informativ und nicht verbindlich. Es liegt in der persönlichen Verantwortung zu püfen, ob die verwendeten Lebensmittel die Anforderungen erfüllen. Zusätzlich findest du auch eine Info, wenn sich ein Gericht gut zum Einfrieren eignet.

Fertig in: Hier sind alle Vorbereitungsschritte, Marinier-, Gar- und Backzeiten eingerechnet.

Davon aktiv: Diese Zeitangabe sagt dir, wie lange du wirklich mit Schnippeln und Rühren beschäftigt bist.

QR-Code scannen und Einkaufslisten entdecken

Infos

Genießen

Andreas
-17 kg

Svenja
-27 kg

Mit Weight Watchers

8x mehr

abnehmen

als allein![1]

& trotzdem abnehmen

Willkommen in der Weight Watchers Welt.

Weight Watchers bietet dir ein modernes, ganzheitliches Programm, das auf jeden Teilnehmer individuell zugeschnitten wird und ausgewogene Ernährung, Bewegung und Motivation kombiniert – so, wie du es brauchst. Dabei steht Abnehmen natürlich weiter klar im Mittelpunkt, doch unsere Philosophie geht weit darüber hinaus.

Wir möchten zu einem guten Lebensgefühl beitragen. Zu besserer, ausgewogener Ernährung. Zu attraktiverem Aussehen und positiver Ausstrahlung.

Treffen

Mit einer starken Community und der persönlichen Unterstützung unserer Coaches zum Wunschgewicht.

- **Motivation, Inspiration und hilfreiche Ratschläge unserer Coaches.**
- **Gemeinsamer Austausch, Hilfestellung und Motivation in der Community.**
- **Neueste Erkenntnisse zum Thema Ernährung, von Experten gebündelt.**

Online

Ob unterwegs, in der Bahn oder zu Hause aus dem Wohnzimmer – mit Weight Watchers Online und der passenden App bist du always on.

- **Wähle aus über 6.000 Rezepten und 60.000 Lebensmitteln aus unserer Datenbank.**
- **Barcode-Scanner für sofortigen SmartPoints Check im Supermarkt.**
- **Tausche dich über die App mit deiner Community aus und lass dich jeden Tag aufs Neue motivieren.**

Alle Infos zu unserem Programm gibt es unter www.weightwatchers.de

¹Gewichtsabnahme wurde mit Weight Watchers Meeting und Online-Tools erreicht.

5

Auf die Hand

Pulled Pork Burger

 fertig in: 1 Stunde 55 Minuten I davon aktiv: 15 Minuten
laktosefrei
454 kcal I 1900 kJ

Zwiebel schälen und würfeln. Paprika und Chilischote waschen und entkernen, Paprika in Würfel und Chilischote in Ringe schneiden. 1 TL Öl in einer Pfanne auf mittlerer Stufe erhitzen. Knoblauch dazupressen, mit Zwiebel-, Paprikawürfeln und Chiliringen darin ca. 3 Minuten anbraten und herausnehmen.

Schweineschulter trocken tupfen. Restliches Öl in einem Topf auf mittlerer Stufe erhitzen und das Schweinefleisch darin 3–4 Minuten von jeder Seite anbraten. Mit Tomaten und Essig ablöschen, Zwiebel-Gemüse-Mischung hinzugeben, aufkochen und mit Deckel auf niedriger Stufe ca. 60 Minuten köcheln lassen. Deckel entfernen und weitere ca. 30 Minuten köcheln lassen, bis die Sauce eindickt. Schweinefleisch herausnehmen, mit 2 Gabeln das Fleisch zerrupfen, zurück in den Topf geben und mit Salz und Pfeffer würzen.

Mais abgießen. Avocadofruchtfleisch aus der Schale lösen und mit einer Gabel zerdrücken. Avocado mit Mais, Limettensaft und Koriander verrühren und mit Salz und Pfeffer würzen. Salatmischung waschen und trocken schleudern.

Brötchen halbieren, rösten und mit Avocadomischung bestreichen. Untere Brötchenhälfte mit Salatmischung und Schweinefleisch belegen und mit oberer Brötchenhälfte abdecken. Pulled Pork Burger nach Wunsch mit Koriander und Chili bestreut servieren.

Für 4 Personen:

- 1 Zwiebel
- 1 grüne Paprika
- 1 rote Chilischote
- 2 TL Rapsöl
- 1 Knoblauchzehe
- 320 g magere Schweineschulter ohne Knochen
- 400 g stückige Tomaten (Konserve)
- 1 EL Apfelessig
- Salz, Pfeffer
- 200 g Mais (Konserve)
- 1/2 Avocado
- 1 EL Limettensaft
- 1 EL gehackter Koriander
- 150 g fertige Salatmischung mit Rotkohl
- 4 Vollkornbrötchen

Gedämpfte Dim Sum

1 SmartPoints Wert™

fertig in: 35 Minuten | davon aktiv: 20 Minuten
vegan | laktosefrei
43 kcal | 180 kJ

Paprika, Frühlingszwiebeln und Mungobohnensprossen waschen. Mungobohnensprossen abtropfen lassen. Frühlingszwiebeln in feine Ringe schneiden. Paprika entkernen, Karotte schälen und beides fein würfeln. Öl in einer Pfanne auf mittlerer Stufe erhitzen, Frühlingszwiebelringe, Karotten-, Paprikawürfel und Mungobohnensprossen darin 3–4 Minuten andünsten und mit Sojasauce ablöschen.

Reispapier nach Packungsanweisung einweichen, Gemüse jeweils in die Mitte geben, zu Säckchen formen und leicht zusammendrücken. Dim Sum in einem Küchensieb über kochendem Wasser ca. 15 Minuten zugedeckt dämpfen und servieren.

Für 8 Stück:

- 1 kleine rote Paprika
- 1/2 Bund Frühlingszwiebeln
- 100 g Mungobohnensprossen
- 1/2 Karotte
- 2 TL Sesamöl
- 2 EL Sojasauce
- 8 Blätter Reispapier (à 5 g)

Türkische Pizza

fertig in: 60 Minuten | davon aktiv: 35 Minuten
466 kcal | 1950 kJ

Backofen auf 200° C (Gas: Stufe 3, Umluft: 180° C) vorheizen. Zwiebeln schälen, 2 Zwiebeln würfeln und 1 Zwiebel in Ringe schneiden. Öl in einer Pfanne auf mittlerer Stufe erhitzen und Tatar darin krümelig anbraten. Knoblauch pressen und mit Zwiebelwürfeln und Tomatenmark dazugeben. Mit Brühe ablösen und mit Paprikapulver, Oregano, Salz und Pfeffer würzen.

Pizzateig nach Packungsanweisung ausrollen, in 4 Stücke schneiden und jeweils zu einem ovalen Fladen sehr dünn ausrollen. Die Hälfte der Fladen auf ein mit Backpapier ausgelegtes Backblech legen und vollständig mit jeweils einem Viertel der Tatarmasse bestreichen. Pizzen im Backofen auf mittlerer Schiene 8–10 Minuten backen.

Dill waschen, trocken schütteln und hacken. Salat waschen, trocken schleudern und in Streifen schneiden. Schafskäse zerbröseln. Tomaten waschen und würfeln. Für die Sauce 2 Msp. Zitronenschale abreiben, mit Joghurt und Dill verrühren und mit Salz und Pfeffer würzen.

Pizzen vom Blech nehmen und mit Alufolie bedeckt leicht abkühlen lassen, damit der Teig elastisch wird und sich leichter einrollen lässt. Aus restlichem Teig und restlicher Tatarmasse 2 weitere Pizzen backen und mit Folie bedeckt abkühlen lassen. Teigfladen mit Salatstreifen, Zwiebelringen, Schafskäse und Tomatenwürfeln belegen und mit Sauce beträufeln. Pizzen aufrollen, untere Enden mit Alufolie umwickeln und servieren.

Für 4 Personen:

- 3 Zwiebeln
- 1 TL Olivenöl
- 200 g Tatar
- 1 Knoblauchzehe
- 2 EL Tomatenmark
- 200 ml Gemüsebrühe (1 TL Instantpulver)
- 1/2 TL geräuchertes Paprikapulver
- 1 TL gehackter Oregano
- Salz, Pfeffer
- 1 Packung Pizzateig (Frischprodukt, 450 g)
- 1/2 Bund Dill
- 1 Römersalatherz
- 100 g Schafskäse, 25 % Fett i. Tr.
- 2 kleine Tomaten
- 1/2 unbehandelte Zitrone
- 125 g Magermilchjoghurt

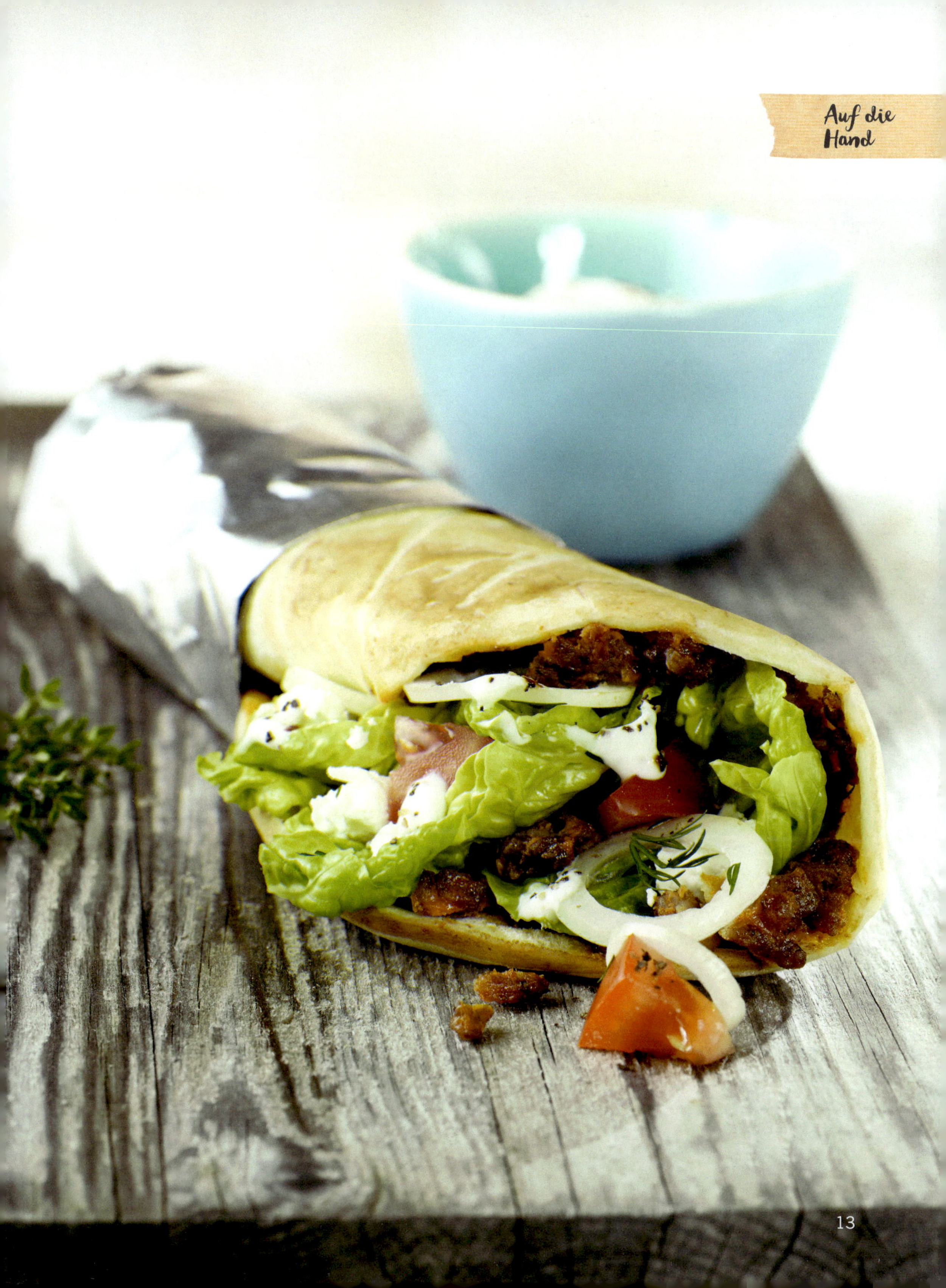

Tacos mit Chili

 7 SmartPoints Wert™

fertig in: 25 Minuten I davon aktiv: 20 Minuten
311 kcal I 1302 kJ

Zwiebel schälen, Staudensellerie und Tomaten
waschen. Paprika waschen, entkernen und mit Zwiebel, Tomaten und Sellerie in Würfel schneiden. Chilischote waschen, entkernen und in Ringe schneiden.
Öl in einer Pfanne auf hoher Stufe erhitzen und Tatar
darin krümelig anbraten. Paprika-, Staudensellerie-,
Zwiebelwürfel und Chiliringe dazugeben und
2–3 Minuten mitbraten.

Tomatenwürfel dazugeben und 5–6 Minuten garen.
Mais zum Chili geben, kurz erwärmen und mit Salz,
Pfeffer und Tabasco abschmecken. Taco-Schalen mit
Chili füllen und jeweils mit einem Klecks saurer Sahne
und nach Wunsch mit Petersilie garniert servieren.

Für 2 Personen:

- 1 Zwiebel
- 1 Stange Staudensellerie
- 2 Tomaten
- 1 kleine gelbe Paprika
- 1 rote Chilischote
- 1 TL Rapsöl
- 150 g Tatar
- 2 EL Mais (Konserve)
- Salz, Pfeffer
- einige Tropfen Tabasco
- 4 Taco-Schalen
- 2 EL saure Sahne

Börek mit Hackfleisch

 2 SmartPoints Wert™

fertig in: 45 Minuten I davon aktiv: 15 Minuten
einfrieren
76 kcal I 318 kJ

Backofen auf 180° C (Gas: Stufe 2, Umluft: 160° C)
vorheizen. Zwiebel schälen und würfeln, Schafskäse
zerbröseln. Öl in einer Pfanne auf mittlerer Stufe erhitzen, Tatar darin krümelig anbraten, Zwiebelwürfel,
Sesam und Thymian dazugeben und kurz mitbraten.
Mit Salz und Pfeffer würzen und herausnehmen. Schafs-
käsebrösel unterheben.

Filoteigblätter vierteln, sodass 16 Stücke entstehen.
Je 1 leicht gehäuften EL Tatarmischung an den langen
Seiten entlang verteilen, aufrollen und Ränder umklap-
pen. Börek auf ein mit Backpapier ausgelegtes Backblech legen, mit Wasser bepinseln und im Backofen
auf mittlerer Schiene 25–30 Minuten backen. Börek
servieren.

Für 16 Stück:

- 1 Zwiebel
- 200 g Schafskäse,
  25 % Fett i. Tr.
- 2 TL Olivenöl
- 250 g Tatar
- 2 EL Sesam
- 1 EL gehackter Thymian
- Salz, Pfeffer
- 4 Blätter Filoteig
  (Frischprodukt, à 25 g)
- 2 EL Wasser

Chicken Wings mit Mangochutney

 9 SmartPoints Wert

fertig in: 50 Minuten I davon aktiv: 20 Minuten
low carb
345 kcal I 1444 kJ

Backofen auf 200° C (Gas: Stufe 3, Umluft: 180° C) vorheizen. Hähnchenflügel abspülen und trocken tupfen. 1 Msp. Limettenschale abreiben und Limette auspressen. Chilischote waschen, entkernen und würfeln. Ingwer schälen und reiben. Für die Marinade Sojasauce, Asia-Chilisauce, Chiliwürfel, Ingwer, 1 TL Limettensaft und Salz verrühren.

Hähnchenflügel mit der Hälfte der Marinade bestreichen, auf einem mit Backpapier ausgelegten Backblech verteilen und im Backofen auf mittlerer Schiene ca. 40 Minuten backen. Nach der Hälfte der Garzeit erneut mit restlicher Marinade bestreichen.

Für das Chutney Schalotte schälen und würfeln. Mango schälen, das Fruchtfleisch vom Stein schneiden und würfeln. Öl in einem Topf auf mittlerer Stufe erhitzen, Schalottenwürfel darin kurz andünsten und mit Brühe ablöschen. Mangowürfel, Limettenschale, 1 TL Limettensaft und Chilipulver dazugeben und ca. 15 Minuten köcheln lassen. Mangochutney mit Salz abschmecken und mit Chicken Wings servieren.

Für 4 Personen:

- 8 Hähnchenflügel (à 75 g)
- 1 unbehandelte Limette
- 1/2 rote Chilischote
- 1 Stück Ingwer (ca. 1 cm)
- 4 EL Sojasauce
- 3 EL süße Asia-Chilisauce
- Salz
- 1 Schalotte
- 1/2 Mango
- 2 TL Olivenöl
- 75 ml Gemüsebrühe (1/2 TL Instantpulver)
- 1 Msp. Chilipulver

Falafel im Fladenbrot

fertig in: 45 Minuten | davon aktiv: 30 Minuten
vegetarisch
419 kcal | 1754 kJ

11 SmartPoints Wert

Backofen auf 240° C (Gas: Stufe 5, Umluft: 220° C) vorheizen. Aubergine waschen, längs halbieren und Fruchtfleisch kreuzweise einschneiden. Auberginen-hälften auf ein Backblech legen und im Backofen auf oberster Schiene 10–15 Minuten grillen. 1/2 TL Zitro-nenschale abreiben und Zitronenhälfte auspressen. Minze waschen, trocken schütteln und hacken. Für die Sauce Auberginenfruchtfleisch vorsichtig mit einem Löffel herauslösen, mit Joghurt, Minze, Zitronenschale und 1 TL Zitronensaft pürieren und mit Salz und Pfef-fer abschmecken.

Couscous nach Packungsanweisung in Salzwasser garen. Kichererbsen abspülen und abtropfen lassen. Petersilie waschen, trocken schütteln und hacken. Knob-lauch pressen, mit Couscous, Kichererbsen, Petersilie und Kreuzkümmel pürieren und mit Salz und Pfeffer würzen. Masse zu 4 Talern formen.

Öl in einer Pfanne auf mittlerer Stufe erhitzen und Falafeltaler darin 2–3 Minuten von jeder Seite braten. Salat waschen und trocken schleudern. Tomate waschen und in Scheiben schneiden. Fladenbrot in 2 Ecken teilen, aufschneiden, jeweils mit Auberginensauce aus-streichen, mit Salat, Tomatenscheiben und Falafel-talern füllen und servieren.

Für 2 Personen:

- 1 Aubergine
- 1/2 unbehandelte Zitrone
- 2 Stängel Minze
- 2 EL Magermilchjoghurt
- Salz, Pfeffer
- 40 g trockener Couscous
- 1 EL Kichererbsen (Konserve)
- 1/2 Bund glatte Petersilie
- 1 Knoblauchzehe
- 1 TL Kreuzkümmel
- 1 TL Olivenöl
- 1 Handvoll Pflücksalatmischung (Kühltheke)
- 1 kleine Tomate
- 200 g Fladenbrot

Scharfer Tofu-Gemüse-Burger

 8 SmartPoints Wert

fertig in: 45 Minuten | davon aktiv: 35 Minuten
vegetarisch
323 kcal | 1352 kJ

Ingwer schälen und reiben, Knoblauch pressen. Tofu in Scheiben schneiden und mit Sojasauce, 1 TL Öl, Sambal Oelek, Knoblauch und Ingwer in einen Gefrierbeutel geben, vorsichtig vermischen und ca. 15 Minuten marinieren.

Für die Creme Frischkäse mit Asia-Chilisauce verrühren und mit Salz und Pfeffer würzen. Zucchini waschen, Karotten schälen und beides in dünne Scheiben schneiden. Mungobohnensprossen waschen und abtropfen lassen.

Eine Pfanne ohne weitere Fettzugabe auf mittlerer Stufe erhitzen, Tofuscheiben darin 2–3 Minuten von jeder Seite braten und herausnehmen. Restliches Öl in der Pfanne erhitzen, Zucchini- mit Karottenscheiben darin 6–7 Minuten braten und mit Salz und Pfeffer würzen.

Brötchen aufschneiden, mit Creme bestreichen, untere Brötchenhälften mit Gemüsemischung, Tofuscheiben und Mungobohnensprossen belegen und mit oberen Brötchenhälften abdecken. Tofu-Gemüse-Burger servieren.

Für 4 Personen:

- 1 Stück Ingwer (ca. 1 cm)
- 1 Knoblauchzehe
- 300 g Tofu
- 3 EL Sojasauce
- 2 TL Sesamöl
- 1/2 TL Sambal Oelek
- 100 g Frischkäse, bis 1 % Fett absolut
- 3 EL süße Asia-Chilisauce
- Salz, Pfeffer
- 1 Zucchini
- 2 kleine Karotten
- 100 g Mungobohnensprossen
- 4 Hamburger-Brötchen

Summer Rolls mit Koriander-Limetten-Sauce

 fertig in: 25 Minuten | davon aktiv: 25 Minuten
52 kcal | 218 kJ

Koriander waschen, trocken schütteln und hacken.
1 Msp. Limettenschale abreiben und Limettenhälfte
auspressen. Chilischote waschen, entkernen und fein
würfeln. Für die Sauce Essig mit Limettensaft, -schale,
Fischsauce, Koriander, Chiliwürfeln, Agavendicksaft
und Brühe verrühren und mit Salz und Pfeffer würzen.

Nudeln nach Packungsanweisung zubereiten und abgießen. Salatblätter waschen, trocken schleudern und
in Streifen schneiden. Gurke und Karotte schälen,
längs halbieren und in feine Stifte schneiden. Reispapier nach Packungsanweisung einweichen. Mungobohnensprossen waschen und abtropfen lassen.

Reispapier in der Mitte mit Salatstreifen, Garnelen,
Nudeln, Karotten-, Gurkenstiften und Mungobohnensprossen belegen, mit Salz würzen und aufrollen, dabei
die Ränder einschlagen. Summer Rolls mit Koriander-
Limetten-Sauce servieren.

Für 8 Stück:

1 Bund Koriander
1/2 unbehandelte Limette
1/2 rote Chilischote
2 EL Reisessig
einige Tropfen Fischsauce
1 TL Agavendicksaft
1 EL Gemüsebrühe
  (1 Prise Instantpulver)
Salz, Pfeffer
30 g trockene Glasnudeln
4 Blätter Eisbergsalat
1/4 Salatgurke
1 kleine Karotte
8 Blätter Reispapier (à 5 g)
50 g Mungobohnensprossen
60 g vorgegarte Garnelen
  (Kühltheke)

Orientalische Hähnchenwraps mit Hummus

 7 SmartPoints Wert

fertig in: 25 Minuten I davon aktiv: 20 Minuten
333 kcal I 1394 kJ

Hähnchenbrustfilet abspülen und trocken tupfen. Öl in einer Pfanne auf mittlerer Stufe erhitzen und Hähnchenbrustfilet darin 6–7 Minuten von jeder Seite braten.

Für den Hummus 1 TL Zitronenschale abreiben und Zitronenhälfte auspressen. Kichererbsen abspülen, abtropfen lassen und mit Tahin, Zitronensaft und Brühe pürieren. Hummus mit Zitronenschale und Kreuzkümmel würzen und mit Salz abschmecken.

Salatblätter waschen und trocken schütteln. Gurke schälen und in dünne Stifte schneiden. Tortilla Wraps nach Packungsanweisung erwärmen, mit je 2 EL Hummus bestreichen und mit Salatblättern und einigen Gurkenstiften belegen.

Hähnchenbrust mit Salz, Pfeffer und Paprikapulver würzen und in dünne Scheiben schneiden. Hähnchenbrustscheiben auf dem Salat verteilen und Tortilla Wraps aufrollen. Mit restlichen Gurkenstiften und restlichem Hummus als Dip servieren.

Für 2 Personen:

- 1 Hähnchenbrustfilet (150 g)
- 1 TL Rapsöl
- 1/2 unbehandelte Zitrone
- 100 g Kichererbsen (Konserve)
- 1 TL Tahin (Sesampaste)
- 50 ml Gemüsebrühe
  (1/4 TL Instantpulver)
- 1/2 TL Kreuzkümmel
- Salz, Pfeffer
- 4 Salatblätter
- 1 kleine Salatgurke
- 2 kleine Tortilla Wraps
- Paprikapulver

Wenn du die Maisblätter vor dem Grillen ca. 10 Minuten wässerst, kannst du den Mais auch mit Blättern grillen und servieren.

Gegrillter Maiskolben mit Tomaten-Chili-Sauce

7
SmartPoints
Wert

fertig in: 35 Minuten I davon aktiv: 15 Minuten
vegetarisch I glutenfrei I laktosefrei
217 kcal I 908 kJ

Zwiebel schälen und würfeln. Chilischote waschen, entkernen und fein würfeln. Tomaten kreuzweise einritzen, mit kochendem Wasser überbrühen und Haut mit einem Messer abziehen. Tomaten in Würfel schneiden.

1 TL Öl in einer Pfanne auf mittlerer Stufe erhitzen und Zwiebelwürfel darin ca. 2 Minuten andünsten. Tomatenmark mit Chiliwürfeln zugeben und kurz mitdünsten. Tomatenwürfel zugeben und mit Deckel ca. 15 Minuten köcheln lassen. Mit Essig und Honig verfeinern und mit Salz und Pfeffer abschmecken.

Maiskolben mit restlichem Öl bestreichen und auf dem Grill ca. 8 Minuten rundherum grillen. Chiliflocken, Knoblauchpulver, Meersalz und Rosmarin vermischen und Maiskolben damit bestreuen. Maiskolben mit Tomaten-Chili-Sauce servieren.

Für 4 Personen:

- 1 kleine Zwiebel
- 1 rote Chilischote
- 4 Tomaten
- 3 TL Olivenöl
- 2 TL Tomatenmark
- 2 TL heller Balsamicoessig
- 1 TL Honig
- Salz, Pfeffer
- 4 Maiskolben (à 200 g, vakuumverpackt)
- 1/2 TL Chiliflocken
- 1/2 TL Knoblauchpulver
- 2 TL Meersalz
- 1 EL gehackter Rosmarin

Thunfischsandwich

 7 SmartPoints Wert™ fertig in: 15 Minuten I davon aktiv: 15 Minuten
268 kcal I 1122 kJ

Tomate waschen, Zwiebel schälen und beides fein würfeln. Salatblätter waschen und trocken schütteln. Käse in Streifen schneiden. Thunfisch abtropfen lassen und mit Salatcreme, Tomaten- und Zwiebelwürfeln verrühren, mit Senf verfeinern und mit Salz und Pfeffer würzen.

Toast rösten. 4 Scheiben mit Salatblättern belegen, Thunfischsalat und Käsestreifen darauf verteilen und mit restlichen Toastscheiben abdecken. Thunfischsandwiches diagonal halbieren und servieren.

Für 4 Personen:

- 1 kleine Tomate
- 1 Zwiebel
- 8 Blätter Lollo bianco
- 2 Scheiben Gouda,
  30 % Fett i. Tr.
- 1 Dose Thunfisch im eigenen
  Saft (150 g Abtropfgewicht)
- 4 EL Salatcreme, bis 20 % Fett
- 1/2 TL Senf
- Salz, Pfeffer
- 8 kleine Scheiben Vollkorntoast

Krabbenbrötchen mit Cocktailsauce

 9 SmartPoints Wert™ fertig in: 10 Minuten I davon aktiv: 10 Minuten
315 kcal I 1318 kJ

Für die Sauce Joghurt mit Salatcreme, Ketchup, Dill und Zitronensaft verrühren und mit Salz und Pfeffer würzen. Salatblätter waschen und trocken schütteln. Tomate waschen und in Scheiben schneiden. Krabben abspülen und trocken tupfen.

Brötchen aufschneiden, untere Brötchenhälften mit Salat, Krabben und Tomatenscheiben belegen, Sauce darauf verteilen und mit oberen Brötchenhälften abdecken. Krabbenbrötchen servieren.

Für 2 Personen:

- 1 EL Magermilchjoghurt
- 1 EL Salatcreme, bis 20 % Fett
- 1 EL Ketchup
- 1/2 TL gehackter Dill
- 1/2 TL Zitronensaft
- Salz, Pfeffer
- 4 Blätter Lollo bianco
- 1 Tomate
- 100 g küchenfertige
  Nordseekrabben
- 2 Mehrkornbrötchen

Spinattaschen mit Gorgonzola

3 SmartPoints Wert

fertig in: 50 Minuten I davon aktiv: 20 Minuten
vegetarisch I einfrieren
80 kcal I 335 kJ

Spinat auftauen lassen, ausdrücken und hacken. Schalotten schälen und würfeln. Öl in einem Topf auf mittlerer Stufe erhitzen, Schalottenwürfel mit Spinat darin 3–4 Minuten andünsten und mit Salz, Pfeffer und Muskatnuss würzen. Gorgonzola zerbröseln und unter den Spinat heben.

Backofen auf 180° C (Gas: Stufe 2, Umluft: 160° C) vorheizen. Pizzateig nach Packungsanweisung ausrollen und in 16 Rechtecke schneiden. In die Mitte jeweils 1 EL der Spinatmischung geben, Rechtecke zusammenklappen und Ränder mithilfe einer Gabel gut festdrücken.

Spinattaschen auf ein mit Backpapier ausgelegtes Backblech legen und im Backofen auf mittlerer Schiene 25–30 Minuten backen. Spinattaschen servieren.

Für 16 Stück:

- 200 g Blattspinat (TK)
- 2 Schalotten
- 1 TL Olivenöl
- Salz, Pfeffer
- 1 Msp. geriebene Muskatnuss
- 50 g Gorgonzola, 55 % Fett i. Tr.
- 1 Packung Pizzateig (Frischprodukt, 450 g)

Für griechische Spinattaschen ersetze den Gorgonzola durch 50 g Schafskäse, 25 % Fett i. Tr. Die SmartPoints pro Stück reduzieren sich auf 2.

Rührreibagel mit Tomaten

 12 SmartPoints Wert™

fertig in: 20 Minuten I davon aktiv: 20 Minuten
vegetarisch
444 kcal I 1859 kJ

Schalotte schälen und in Würfel schneiden. Schnittlauch waschen, trocken schütteln und in Ringe schneiden. Tomate waschen, vierteln, entkernen und würfeln. Ei mit Milch und Schnittlauch verquirlen und mit Salz und Pfeffer würzen.

Öl in einer Pfanne auf mittlerer Stufe erhitzen und Schalottenwürfel darin 2–3 Minuten glasig dünsten. Tomatenwürfel dazugeben, Eimasse darübergießen und unter Rühren stocken lassen.

Salatblätter waschen und trocken schütteln. Bagel aufschneiden, mit Frischkäse bestreichen, untere Bagelhälfte mit Salatblättern und Rührrei belegen, mit oberer Bagelhälfte abdecken und Rührreibagel servieren.

Für 1 Person:

- 1 Schalotte
- 1/2 Bund Schnittlauch
- 1 Tomate
- 1 Ei (Größe M)
- 2 EL entrahmte Milch
- Salz, Pfeffer
- 1 TL Rapsöl
- 2 Blätter Kopfsalat
- 1 Bagel
- 1 TL Frischkäse,
  bis 1 % Fett absolut

Quesadillas mit Bohnencreme

9 SmartPoints Wert

fertig in: 20 Minuten | davon aktiv: 15 Minuten
327 kcal | 1369 kJ

Kidneybohnen abspülen und abtropfen lassen. Hähnchenbrustaufschnitt in Streifen schneiden. Frühlingszwiebeln waschen und in Ringe schneiden. Paprika waschen, entkernen und in feine Streifen schneiden. Für die Bohnencreme Kidneybohnen mit Brühe pürieren und mit Salz und Cayennepfeffer würzen.

Tortilla Wraps mit Bohnencreme bestreichen, 2 Tortilla Wraps jeweils mit Hähnchenbrust-, Paprikastreifen, Mais, Frühlingszwiebelringen und Käse belegen und mit restlichen Tortilla Wraps bedecken.

Eine Pfanne fettfrei auf mittlerer Stufe erhitzen und Quesadillas darin nacheinander 2–3 Minuten erwärmen, auf einen Teller gleiten lassen, Pfanne darüberstülpen, zusammen wenden und weitere 2–3 Minuten erwärmen. Quesadillas vierteln und servieren.

Für 4 Personen:

- 1 Dose Kidneybohnen
  (265 g Abtropfgewicht)
- 6 Scheiben
  Hähnchenbrustaufschnitt
- 1/2 Bund Frühlingszwiebeln
- 1 kleine rote Paprika
- 50 ml Gemüsebrühe
  (1/4 TL Instantpulver)
- Salz
- 1/2 TL Cayennepfeffer
- 4 kleine Tortilla Wraps
- 4 EL Mais
- 120 g geriebener Käse,
  30 % Fett i. Tr.

Steakwrap mit warmem Paprikagemüse

 8 SmartPoints Wert

fertig in: 30 Minuten | davon aktiv: 20 Minuten
414 kcal | 1733 kJ

Paprika und Tomate waschen. Paprika entkernen und in Streifen, Tomate in dünne Spalten schneiden. Salat waschen und trocken schütteln. Rindersteak trocken tupfen und in breite Streifen schneiden.

Öl in einer Pfanne auf mittlerer Stufe erhitzen, Steakstreifen darin ca. 5 Minuten rundherum anbraten und Senf und Tomatenmark einrühren. Steakstreifen mit Salz, Pfeffer und Paprikapulver würzen und herausnehmen.

Paprikastreifen im Bratensatz 3–5 Minuten anbraten, Tomatenspalten dazugeben und mit Salz und Pfeffer würzen. Für die Creme Frischkäse mit Pesto, Salz und Pfeffer verrühren. Tortilla Wrap nach Packungsanweisung erwärmen, mit Pestocreme bestreichen und Salat, Gemüse und Steakstreifen darauf verteilen. Steakwrap aufrollen und servieren.

Für 1 Person:

1 kleine grüne Paprika
1 Tomate
einige Blätter Kopfsalat
120 g Rindersteak
1 TL Rapsöl
1 TL Senf
1 TL Tomatenmark
Salz, Pfeffer
1/2 TL geräuchertes
   Paprikapulver
1 EL Frischkäse,
   bis 1 % Fett absolut
1 TL Pesto rosso
1 kleiner Tortilla Wrap

Beefburger mit Schinkenchips

9 SmartPoints Wert

fertig in: 30 Minuten | davon aktiv: 25 Minuten
361 kcal | 1511 kJ

Zwiebel schälen und in Ringe schneiden. Salatblätter und Tomate waschen, Salatblätter trocken schütteln und Tomate in Scheiben schneiden. Für die Sauce Ketchup mit Senf, Honig, Rauchsalz, Worcestersauce, Salz und Pfeffer verrühren.

Schinkenscheiben halbieren, fettfrei in einer Pfanne auf mittlerer Stufe knusprig braten und herausnehmen. Tatar mit Salz und Pfeffer würzen und zu 2 Burgerpatties formen.

1 TL Öl in einem Topf auf mittlerer Stufe erhitzen und Zwiebelringe darin 4–5 Minuten dünsten. Restliches Öl in einer Pfanne auf hoher Stufe erhitzen und Burgerpatties darin 2–3 Minuten von jeder Seite braten. Brötchen aufschneiden, mit Sauce bestreichen, untere Brötchenhälften mit Salatblättern, Burgerpatties, Tomatenscheiben, Zwiebelringen und Schinkenchips belegen und mit oberen Brötchenhälften abdecken. Beefburger servieren.

Für 2 Personen:

- 1 Zwiebel
- 2 Blätter Kopfsalat
- 1 Tomate
- 2 EL Ketchup
- 1 TL Senf
- 1/2 TL Honig
- 2 Msp. Rauchsalz
- einige Tropfen Worcestersauce
- Salz, Pfeffer
- 2 Scheiben roher Schinken
- 200 g Tatar
- 2 TL Rapsöl
- 2 Hamburger-Brötchen

Für einen Cheeseburger kannst du den gebratenen Schinken durch je 1 Scheibe Gouda (30 % Fett i. Tr.) ersetzen. Der SmartPoints Wert erhöht sich auf 11.

Gyros Pita

 8 SmartPoints Wert

fertig in: 30 Minuten I davon aktiv: 25 Minuten
388 kcal I 1624 kJ

Hähnchenbrustfilet abspülen, trocken tupfen und in
Streifen schneiden. Hähnchenbruststreifen mit Öl und
Gyros Gewürzmischung in einen Gefrierbeutel geben,
gut verkneten und im Kühlschrank ca. 15 Minuten
marinieren.

Salat waschen, trocken schleudern und in mundge-
rechte Stücke zerteilen. Tomaten und Gurke waschen,
Tomaten halbieren und Gurke in Scheiben schneiden.
Zwiebel schälen und in Ringe schneiden.

Hähnchenbruststreifen ohne weitere Fettzugabe in
einer Pfanne auf mittlerer Stufe ca. 5 Minuten rundherum braten. Pitataschen nach Packungsanweisung
erwärmen, aufschneiden und mit Crème légère aus-
streichen. Mit Salat, Tomatenhälften, Gurkenscheiben,
Zwiebelringen und Hähnchenbruststreifen füllen und
Gyros Pita servieren.

Für 4 Personen:

- 400 g Hähnchenbrustfilet
- 2 TL Olivenöl
- 1 TL Gyros Gewürzmischung
- 1/2 kleiner Eisbergsalat
- 150 g Cocktailtomaten
- 1 kleine Salatgurke
- 1 kleine rote Zwiebel
- 4 Pitataschen
- 120 g Crème légère

Süßkartoffeltartes mit Paprika

5 SmartPoints Wert

fertig in: 70 Minuten | davon aktiv: 40 Minuten
vegetarisch
188 kcal | 787 kJ

Kartoffeln und Süßkartoffeln schälen und in Salzwasser ca. 20 Minuten garen. Paprika waschen, entkernen und in Streifen schneiden. Backofen auf 180° C (Gas: Stufe 2, Umluft: 160° C) vorheizen.

Kartoffeln und Süßkartoffeln abgießen, ausdampfen lassen und durch eine Kartoffelpresse drücken. Kartoffelmasse mit 50 g Grieß, Mehl, Eigelb und 1 TL Salz zu einem Teig verkneten. Teig in 8 Portionen teilen und jeweils zwischen Frischhaltefolie rund ausrollen. 8 Mini-Tarte-Förmchen (Ø 8 cm) mit restlichem Grieß ausstreuen, mit Süßkartoffelteig auskleiden und im Backofen auf mittlerer Schiene ca. 15 Minuten vorbacken.

Schafskäse zerbröseln, mit saurer Sahne und Paprikapulver verrühren, mit Salz und Pfeffer abschmecken und Böden damit bestreichen. Paprikastreifen sternförmig auf der Creme auslegen und im Backofen auf mittlerer Schiene weitere ca. 15 Minuten backen.

Für das Pesto Petersilie und Basilikum waschen und trocken schütteln. Knoblauch pressen, mit Kräutern, Zitronensaft, Brühe und Öl pürieren und mit Salz und Pfeffer abschmecken. Süßkartoffeltartes auskühlen lassen und mit Pesto servieren.

Für 8 Stück:

- 100 g Kartoffeln
- 200 g Süßkartoffeln
- Salz, Pfeffer
- je 1 gelbe und rote Paprika
- 60 g trockener Hartweizengrieß
- 100 g Mehl
- 1 Eigelb (Größe M)
- 100 g Schafskäse, 25 % Fett i. Tr.
- 150 g saure Sahne
- 1/2 TL Paprikapulver
- 1 Bund glatte Petersilie
- 1 Bund Basilikum
- 1 Knoblauchzehe
- 2 EL Zitronensaft
- 4 EL Gemüsebrühe (1/4 TL Instantpulver)
- 2 TL Rapsöl

Mit Löffel & Gabel

Fruchtiges Hähnchencurry mit Lauch

 fertig in: 20 Minuten | davon aktiv: 20 Minuten
554 kcal | 2319 kJ

Reis nach Packungsanweisung in Salzwasser garen. Hähnchenbrustfilet abspülen, trocken tupfen und würfeln. Lauch und Chilischote waschen. Lauch in feine Ringe schneiden. Chilischote entkernen und in Ringe schneiden. Karotte schälen und in dünne Scheiben schneiden.

Öl in einer Pfanne auf hoher Stufe erhitzen, Hähnchenbrustwürfel darin 4–5 Minuten rundherum braten, salzen, pfeffern und herausnehmen. Lauch-, Chiliringe und Karottenscheiben im Bratensatz kurz anbraten, mit Brühe ablöschen und auf mittlerer Stufe mit Deckel 5–6 Minuten köcheln lassen.

Mango schälen, das Fruchtfleisch vom Stein schneiden und würfeln. Mango- und Hähnchenbrustwürfel zum Gemüse geben, kurz erwärmen und mit Currypulver, Salz und Pfeffer würzen. Fruchtiges Hähnchencurry mit Koriander bestreuen und mit Reis servieren.

Für 2 Personen:

- 120 g trockener Langkornreis
- Salz, Pfeffer
- 400 g Hähnchenbrustfilet
- 1 Stange Lauch
- 1 kleine rote Chilischote
- 1 große Karotte
- 1 TL Olivenöl
- 150 ml Gemüsebrühe (1/2 TL Instantpulver)
- 1 Mango
- 1 TL Currypulver
- 1 TL gehackter Koriander

Tom Yum Suppe mit Seidentofu

2 SmartPoints Wert

fertig in: 35 Minuten | davon aktiv: 15 Minuten
vegan | low carb
120 kcal | 502 kJ

Champignons trocken abreiben und in dünne Scheiben schneiden. Zitronengras waschen und fein hacken, Ingwer schälen und reiben. Chilischote waschen, entkernen und in feine Ringe schneiden. Zuckererbsenschoten waschen und halbieren. Frühlingszwiebeln waschen und in feine Streifen schneiden. Tofu in kleine Würfel schneiden.

Öl in einem großen Topf auf mittlerer Stufe erhitzen. Champignons darin ca. 3 Minuten anbraten, Tom Yum Paste zufügen und ca. 1 Minute köcheln lassen. Mit 750 ml Brühe ablöschen und Zitronengras, Ingwer und Chili zufügen, einmal aufkochen und auf niedriger Stufe ca. 10 Minuten köcheln lassen. Zuckererbsenhälften und Tofuwürfel hinzugeben und für weitere ca. 2 Minuten kochen. Limettensaft hinzufügen, mit Frühlingszwiebelstreifen garnieren und Tom Yum Suppe servieren.

Für 4 Personen:

- 300 g Champignons
- 1 Stängel Zitronengras
- 1 Stück Ingwer (ca. 2 cm)
- 1 rote Chilischote
- 125 g Zuckererbsenschoten
- 3 Frühlingszwiebeln
- 300 g Seidentofu
- 2 TL Sesamöl
- 2 EL Tom Yum Paste (alternativ rote Curry-Würzpaste)
- 1 Liter Gemüsebrühe (4 1/2 TL Instantpulver)
- 2 EL Limettensaft

Tom Yum Paste ist ein Klassiker der Thailändischen Küche und besteht unter anderem aus Zitronengras, Kaffirlimettenblättern, Galgant und scharfem Chili. Du findest die Paste in Asia Läden oder gut sortierten Supermärkten.

Falafel mit Chili-Hummus

11
SmartPoints
Wert

fertig in: 25 Minuten | davon aktiv: 20 Minuten
vegan | laktosefrei
426 kcal | 1783 kJ

Tomaten und Gurke waschen, Zwiebel schälen und alles in Würfel schneiden. Couscous nach Packungsanweisung in Salzwasser garen und mit Tomaten-, Gurken-, Zwiebelwürfeln, Petersilie, Minze und 2 EL Zitronensaft verrühren und mit Salz und Pfeffer würzen.

Kichererbsen abspülen, abtropfen lassen und mit restlichem Zitronensaft, Tahin, Knoblauch, 1 TL Öl und Chili pürieren. Hummus mit Salz und Pfeffer würzen.

Falafel auf 4 Holzspieße stecken. Restliches Öl in einer Pfanne auf mittlerer Stufe erhitzen und Falafel-Spieße darin ca. 5 Minuten rundherum braten. Falafel-Spieße mit Chili-Hummus, Couscous und Pitataschen servieren.

Für 4 Personen:

- 2 Tomaten
- 1 Salatgurke
- 1 kleine rote Zwiebel
- 100 g trockener Couscous
- Salz, Pfeffer
- 2 EL gehackte Petersilie
- 1 EL gehackte Minze
- 4 EL Zitronensaft
- 1 Dose Kichererbsen (265 g Abtropfgewicht)
- 1 EL Tahin (Sesampaste)
- 1 Knoblauchzehe
- 2 TL Olivenöl
- 1 TL gemahlener Chili
- 12 Falafel Bällchen (Fertigprodukt)
- 2 Pitataschen, vorzugsweise Vollkornpita

Fish & Chips

12 SmartPoints Wert™

fertig in: 50 Minuten I davon aktiv: 25 Minuten
441 kcal I 1846 kJ

Backofen auf 200° C (Gas: Stufe 3, Umluft: 180° C) vorheizen. Kabeljaufilet abspülen, trocken tupfen und in Stücke schneiden. Für den Bierteig Ei trennen und Eiklar steif schlagen. 50 g Mehl mit Bier, Eigelb und 1 TL Öl glatt rühren und mit Salz und Pfeffer würzen. Eischnee vorsichtig unterheben. Kabeljaustücke salzen, pfeffern, erst im restlichen Mehl und dann im Bierteig wenden.

Kartoffeln schälen, in Stifte schneiden und mit Meersalz und restlichem Öl vermischen. Kartoffelstifte auf einem mit Backpapier ausgelegten Backblech verteilen und im Backofen auf mittlerer Schiene ca. 10 Minuten backen. Kabeljaustücke dazugeben und weitere ca. 15 Minuten backen.

Für den Dip Salatcreme mit Joghurt und Zitronensaft verrühren und mit Salz und Pfeffer abschmecken. Pommes mit Essig beträufeln. Fish & Chips mit Dip servieren.

Für 2 Personen:

- 250 g Kabeljaufilet
- 1 Ei (Größe M)
- 60 g Mehl
- 60 ml alkoholfreies Bier
- 2 TL Olivenöl
- Salz, Pfeffer
- 300 g festkochende Kartoffeln
- 1 TL grobes Meersalz
- 1 EL Salatcreme, bis 20 % Fett
- 2 EL Magermilchjoghurt
- 1–2 TL Zitronensaft
- 1 TL Weißweinessig

Bunter Steak-Bohnen-Salat

7
SmartPoints
Wert

fertig in: 35 Minuten | davon aktiv: 15 Minuten
low carb | glutenfrei | laktosefrei
328 kcal | 1373 kJ

Backofen auf 200° C (Gas: Stufe 3, Umluft: 180° C)
vorheizen. Maiskolben halbieren, Paprika waschen,
entkernen, in Streifen schneiden und Maiskolben mit
Paprikastreifen auf ein mit Backpapier ausgelegtes
Backblech geben. Salzen und pfeffern und im Backofen auf mittlerer Schiene ca. 15 Minuten backen, die
letzten 5 Minuten die Grillfunktion zuschalten.

Rinderfilet trocken tupfen und in Streifen schneiden.
1 TL Öl in einer Pfanne auf hoher Stufe erhitzen, Rinder-
filetstreifen darin 4–5 Minuten rundherum braten,
salzen, pfeffern, mit Kreuzkümmel, Koriander und
Chilipulver würzen und herausnehmen.

Kidneybohnen abspülen und abtropfen lassen, Tomaten
und Wasserkresse waschen. Wasserkresse trocken
schleudern. Tomaten halbieren. Zwiebel schälen und
in Streifen schneiden. Mit einem scharfen Messer die
Maiskörner vom Kolben runterschneiden und zusammen
mit Paprikastreifen, Kidneybohnen, Tomatenhälften,
Wasserkresse, Zwiebel- und Steakstreifen in eine
Schüssel geben. Mit restlichem Öl und Limettensaft
beträufeln und mit Salz und Pfeffer würzen. Bunten
Steak-Bohnen-Salat servieren.

Für 4 Personen:

- 2 Maiskolben
  (à 200 g, vakuumverpackt)
- 2 rote Paprika
- Salz, Pfeffer
- 400 g Rinderfilet
- 2 TL Olivenöl
- Salz, Pfeffer
- 1/2 TL Kreuzkümmel
- 1/2 TL gemahlener Koriander
- 1/2 TL Chilipulver
- 1 Dose Kidneybohnen
  (255 g Abtropfgewicht)
- 125 g Cocktailtomaten
- 1/2 Bund Wasserkresse
  (alternativ Rucola)
- 1 kleine rote Zwiebel
- 1 TL Limettensaft

Exotische Süßkartoffel-Kokos-Suppe mit Chili

fertig in: 20 Minuten | davon aktiv: 10 Minuten
vegan
223 kcal | 933 kJ

Süßkartoffeln schälen und würfeln. Chilischote waschen, entkernen und in Ringe schneiden. Schalotte schälen und in Stücke schneiden. Ingwer schälen und mit Knoblauch in Scheiben schneiden.

Öl in einem Topf auf mittlerer bis hoher Stufe erhitzen und Süßkartoffelwürfel, Chiliringe, Schalottenstücke, Ingwer- und Knoblauchscheiben darin kurz andünsten. Mit Brühe und Kokosmilch ablöschen und 12–15 Minuten köcheln lassen.

Koriander waschen, trocken schütteln und hacken. Kokosraspel fettfrei in einer Pfanne auf mittlerer Stufe 2–3 Minuten rösten. Suppe pürieren, mit Koriander verfeinern und mit Salz und Pfeffer abschmecken. Süßkartoffel-Kokos-Suppe mit Chiliflocken bestreuen und mit Kokosraspeln garniert servieren.

Für 2 Personen:

- 250 g Süßkartoffeln
- 1 kleine rote Chilischote
- 1 Schalotte
- 1 Stück Ingwer (ca. 1 cm)
- 1 Knoblauchzehe
- 1 TL Sesamöl
- 600 ml Gemüsebrühe
  (2 1/2 TL Instantpulver)
- 3 EL fettreduzierte Kokosmilch
- 1/2 Bund Koriander
- 1 TL Kokosraspel
- Salz, Pfeffer
- 1/2 TL Chiliflocken

Schweinemedaillons mit Vanillekarotten und Mandelreis

 11 SmartPoints Wert

fertig in: 30 Minuten | davon aktiv: 25 Minuten
glutenfrei | laktosefrei
501 kcal | 2097 kJ

Karotten schälen und je nach Größe der Länge nach hálbieren oder vierteln. Reis nach Packungsanweisung in Salzwasser garen. Vanilleschote längs aufschneiden und das Mark herauskratzen. Schweinefilet trocken tupfen und in 4 Medaillons schneiden.

Eine Pfanne auf mittlerer Stufe erhitzen, Mandelblättchen darin fettfrei 2–3 Minuten goldbraun rösten und herausnehmen. 2 TL Öl in der Pfanne auf mittlerer bis hoher Stufe erhitzen und Schweinemedaillons darin ca. 5 Minuten von jeder Seite braten.

Restliches Öl in einer Pfanne auf mittlerer Stufe erhitzen und Karottenhälften darin mit Honig und Vanillemark 2–3 Minuten andünsten. Schweinemedaillons mit Salz und Pfeffer würzen, herausnehmen und in Alufolie gewickelt ruhen lassen. Karotten mit Wasser ablöschen, 8–10 Minuten garen und mit Salz und Pfeffer abschmecken. Reis mit gerösteten Mandelblättchen verfeinern. Schweinemedaillons mit Vanillekarotten und Mandelreis servieren.

Für 2 Personen:

- 500 g Karotten
- 100 g trockener Langkornreis
- Salz, Pfeffer
- 1/4 Vanilleschote
- 300 g Schweinefilet
- 3 TL Mandelblättchen
- 3 TL Rapsöl
- 1 TL Honig
- 300 ml Wasser

Omelette mit Pfifferlingen

7
SmartPoints
Wert

fertig in: 15 Minuten | davon aktiv: 15 Minuten
low carb | glutenfrei | laktosefrei
310 kcal | 1297 kJ

Pfifferlinge trocken abreiben und gegebenenfalls waschen. Schinkenwürfel fettfrei in einer Pfanne auf mittlerer Stufe kurz anbraten.

Pfifferlinge und Petersilie dazugeben, 3–4 Minuten mitbraten, mit Salz und Pfeffer würzen und mit Schinkenwürfeln herausnehmen. Eier mit Salz, Pfeffer und Schnittlauch verquirlen.

Öl in einer Pfanne auf mittlerer bis hoher Stufe erhitzen und Eimasse darin mit Deckel 3–4 Minuten stocken lassen.

Pfifferlingfüllung auf eine Seite des Omelettes geben, Omelette zusammenklappen und servieren.

Für 1 Person:

- 150 g Pfifferlinge
- 50 g magere Schinkenwürfel
- 1 EL gehackte Petersilie
- Salz, Pfeffer
- 2 Eier (Größe M)
- 1 TL Schnittlauchringe
- 1 TL Rapsöl

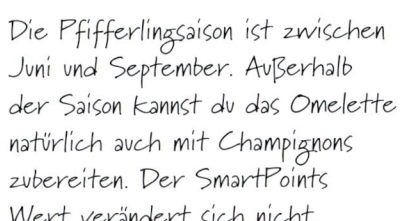

Die Pfifferlingsaison ist zwischen Juni und September. Außerhalb der Saison kannst du das Omelette natürlich auch mit Champignons zubereiten. Der SmartPoints Wert verändert sich nicht.

Frischer Spinatsalat mit Granatapfelkernen

fertig in: 30 Minuten | davon aktiv: 30 Minuten
vegan
306 kcal | 1281 kJ

Spinat waschen und trocken schleudern. Tomaten waschen und halbieren. Karotte schälen und fein raspeln. Granatapfel vierteln und Kerne herauslösen. Orangenhälfte auspressen.

Für das Dressing 3 EL Orangensaft mit Senf, Essig, Brühe und Öl verrühren und mit Salz und Pfeffer abschmecken. Spinat mit Tomatenhälften, Karotten-raspeln und Dressing vermischen, mit Granatapfel-kernen bestreuen und Spinatsalat servieren.

Für 1 Person:

- 150 g Baby-Blattspinat
- 50 g Cocktailtomaten
- 1 Karotte
- 1 Granatapfel
- 1/2 Orange
- 1 TL Senf
- 1 EL Himbeeressig
- 2 EL Gemüsebrühe
  (1 Prise Instantpulver)
- 1 TL Rapsöl
- Salz, Pfeffer

Geflügelcurrywurst

fertig in: 15 Minuten | davon aktiv: 5 Minuten
431 kcal | 1804 kJ

Für die Currysauce Tomaten mit Ketchup, Currypulver, Cayennepfeffer, Honig, Essig und Worcestersauce in einem Topf verrühren und auf mittlerer Stufe ca. 10 Minuten köcheln lassen.

Öl in einer Pfanne auf mittlerer Stufe erhitzen, Geflügel-bratwürste darin 8–10 Minuten rundherum braten und in Scheiben schneiden. Currysauce mit Salz abschmecken, über die Wurstscheiben geben und mit Curry-pulver bestäuben. Geflügelcurrywurst mit Brötchen servieren.

Für 2 Personen:

- 200 g passierte Tomaten
  (Konserve)
- 2 EL Ketchup
- 1 TL Currypulver
- 1/2 TL Cayennepfeffer
- 1 TL Honig
- 1 EL Weißweinessig
- 1 TL Worcestersauce
- 1 TL Rapsöl
- 3 Geflügelbratwürste (à 60 g)
- Salz
- 2 Roggenbrötchen

Scharfe One-Pot-Pasta mit Tatar

9 SmartPoints Wert

fertig in: 30 Minuten | davon aktiv: 20 Minuten
515 kcal | 2155 kJ

Zwiebel schälen und in Würfel schneiden. Chilischote waschen, entkernen und fein würfeln. Broccoli waschen und in kleine Röschen teilen. Gegebenenfalls Broccolistrunk schälen und in kleine Würfel schneiden.

Öl in einem Topf auf mittlerer bis hoher Stufe erhitzen, Tatar darin krümelig anbraten und mit Salz und Pfeffer würzen. Zwiebel- und Chiliwürfel dazugeben und kurz mitbraten. Broccoliröschen, -würfel und Nudeln zufügen, mit Brühe ablöschen und mit Deckel 10–12 Minuten garen, dabei gelegentlich umrühren.

Tomaten waschen und halbieren. Petersilie waschen, trocken schütteln und hacken. Tomatenhälften, Sambal Oelek und Petersilie zu den Nudeln geben, kurz erwärmen und mit Salz und Pfeffer abschmecken. One-Pot-Pasta servieren.

Für 2 Personen:

- 1 Zwiebel
- 1 kleine rote Chilischote
- 1 Broccoli
- 1 TL Olivenöl
- 300 g Tatar
- Salz, Pfeffer
- 120 g trockene Gabelspaghetti
- 400 ml Gemüsebrühe
  (2 TL Instantpulver)
- 100 g gelbe Cocktailtomaten
- 2 Stängel Petersilie
- 1/2 TL Sambal Oelek

Frikandel Spezial

 5 SmartPoints Wert

fertig in: 35 Minuten | davon aktiv: 20 Minuten
228 kcal | 954 kJ

Putenbrustfilet abspülen, trocken tupfen und würfeln. Putenbrustwürfel mit Brühe, Toast und Eiern pürieren, mit Salz, Pfeffer und Paprikapulver würzen und ca. 10 Minuten im Kühlschrank ziehen lassen.

Hackfleischmasse zu 4 Rollen formen. Öl in einer Pfanne auf mittlerer Stufe erhitzen und Frikandeln darin 15–18 Minuten rundherum braten. Zwiebel schälen und fein würfeln. Frikandeln längs aufschneiden und mit Ketchup, Salatcreme und Zwiebelwürfeln füllen. Frikandel Spezial servieren.

Für 4 Personen:

- 400 g Putenbrustfilet
- 50 ml Gemüsebrühe (1/4 TL Instantpulver)
- 1 große Scheibe Vollkorntoast
- 2 Eier (Größe M)
- Salz, Pfeffer
- 1/2 TL Paprikapulver
- 1 TL Rapsöl
- 1 Zwiebel
- 2 EL Ketchup
- 2 EL Salatcreme, bis 20 % Fett

Bihunsuppe mit Krabbenchips

 fertig in: 25 Minuten | davon aktiv: 20 Minuten
423 kcal | 1770 kJ

Hähnchenbrustfilet abspülen, trocken tupfen und in einem Topf mit siedendem Salzwasser 10–12 Minuten gar ziehen lassen. Ingwer mit Karotte schälen, Ingwer hacken und Karotte in Scheiben schneiden. Chilischote mit Frühlingszwiebeln waschen, Chilischote entkernen und beides in feine Ringe schneiden. Pilze trocken abreiben und in Scheiben schneiden. Mungobohnensprossen waschen und abtropfen lassen.

Hähnchenbrust herausnehmen, in Stücke schneiden und Hühnerbrühe beiseitestellen. Glasnudeln nach Packungsanweisung zubereiten und abgießen. Öl in einem Topf auf mittlerer bis hoher Stufe erhitzen und Ingwer mit Chiliringen darin kurz anschwitzen. Frühlingszwiebelringe, Pilz-, Karottenscheiben und Mungobohnensprossen dazugeben und 2–3 Minuten mitbraten.

Gemüse mit 500 ml Hühnerbrühe ablöschen und 5–6 Minuten köcheln lassen. Hähnchenbruststücke mit Glasnudeln dazugeben und erwärmen. Bihunsuppe mit Salz und Pfeffer abschmecken, mit Koriander garnieren und mit Krabbenchips servieren.

Für 2 Personen:

- 200 g Hähnchenbrustfilet
- Salz, Pfeffer
- 1 Liter Wasser
- 1 Stück Ingwer (ca. 1 cm)
- 1 Karotte
- 1 kleine rote Chilischote
- 2 Frühlingszwiebeln
- 100 g Shiitakepilze
- 50 g Mungobohnensprossen
- 50 g trockene Glasnudeln
- 2 TL Sesamöl
- einige Blätter Koriander
- 60 g Krabbenchips

Potato Wedges mit Sour Cream

12 SmartPoints Wert™

fertig in: 55 Minuten | davon aktiv: 15 Minuten
vegetarisch
373 kcal | 1561 kJ

Backofen auf 180° C (Gas: Stufe 2, Umluft: 160° C)
vorheizen. Kartoffeln waschen und in Spalten schneiden. Kartoffelspalten mit Paprikapulver, Salz, Pfeffer,
Öl und Wasser vermischen, auf einem mit Backpapier
ausgelegten Backblech verteilen und im Backofen auf
mittlerer Schiene 40–45 Minuten backen, dabei gelegentlich wenden.

Für die Sour Cream Frischkäse mit saurer Sahne verrühren, mit Schnittlauch verfeinern und mit Salz und
Pfeffer abschmecken. Salat waschen, trocken schleudern, in mundgerechte Stücke zerteilen und mit Dressing beträufeln. Potato Wedges mit Sour Cream und
Salat servieren.

Für 2 Personen:

- 600 g festkochende Kartoffeln
- 2 TL Paprikapulver
- Salz, Pfeffer
- 1 TL Olivenöl
- 1 EL Wasser
- 3 EL Kräuterfrischkäse,
  bis 1 % Fett absolut
- 4 EL saure Sahne
- 1 EL Schnittlauchringe
- 1 kleiner Kopfsalat
- 2 Becher Weight Watchers
  Frisches American Dressing
  (à 75 ml)

Aromatisches Hähnchencurry mit Linsen

9 SmartPoints Wert

fertig in: 45 Minuten I davon aktiv: 35 Minuten
einfrieren
541 kcal I 2264 kJ

Zwiebeln und Karotten schälen, Zwiebeln in Würfel
und Karotten in dünne Scheiben schneiden. Hähnchenbrustfilet abspülen, trocken tupfen und in Würfel
schneiden. Öl in einer Pfanne auf mittlerer bis hoher
Stufe erhitzen und Hähnchenbrustwürfel darin ca.
3 Minuten rundherum anbraten. Karottenscheiben
zufügen und ca. 5 Minuten mitbraten. Hähnchenbrustwürfel und Karottenscheiben herausnehmen.

Zwiebelwürfel im Bratensatz auf mittlerer Stufe ca.
4 Minuten dünsten. Linsen hinzufügen, mit Kurkuma,
Kreuzkümmel, Chilipulver und Koriander würzen und
kurz mitdünsten. Linsen mit Brühe ablöschen, Tomaten
einrühren und 8–10 Minuten garen. Spinat waschen,
trocken schleudern und grob hacken.

Hähnchenbrustwürfel, Karottenscheiben und Spinat
zum Curry geben und erwärmen. Hähnchencurry mit
Kokosmilch verfeinern, mit Salz und Pfeffer abschmecken und servieren.

Für 4 Personen:

- 2 Zwiebeln
- 500 g Karotten
- 800 g Hähnchenbrustfilet
- 1 EL Rapsöl
- 250 g trockene rote Linsen
- 1/2 TL Kurkuma
- 2 Msp. Kreuzkümmel
- 1 Msp. Chilipulver
- 2 Msp. gemahlener Koriander
- 500 ml Gemüsebrühe
  (2 TL Instantpulver)
- 400 g stückige Tomaten
  (Konserve)
- 250 g Blattspinat
- 6 EL fettreduzierte Kokosmilch
- Salz, Pfeffer

*Du brauchst was schnelles fürs
Büro? Wie wäre es mit dem
Weight Watchers Chop Suey
für 10 SmartPoints?*

Lachstatarkugeln auf Schmorgurken

7
SmartPoints
Wert

fertig in: 25 Minuten I davon aktiv: 20 Minuten
low carb
347 kcal I 1452 kJ

Gurke waschen, längs halbieren, Kerne mit einem Löffel entfernen und Gurkenhälften in breite Scheiben schneiden. Schalotte schälen und fein würfeln. Öl in einer Pfanne auf mittlerer Stufe erhitzen, Schalottenwürfel mit Gurkenscheiben darin ca. 3 Minuten andünsten, mit Brühe ablöschen und ca. 10 Minuten schmoren lassen.

Für das Tatar Lachs in kleine Würfel schneiden. Frühlingszwiebeln waschen und in feine Ringe schneiden. Lachswürfel mit Frühlingszwiebelringen und Zitronensaft verrühren und mit Sojasauce abschmecken.

Stärke mit Wasser anrühren, Schmorgurken damit andicken und weitere ca. 2 Minuten köcheln lassen. Schmorgurken mit Fenchelsamen und Kerbel verfeinern und mit Salz und Pfeffer abschmecken. Räucherlachstatar mit einem Eiskugelportionierer zu Kugeln formen und auf den Schmorgurken servieren.

Für 1 Person:

- 1 Salatgurke
- 1 Schalotte
- 1 TL Rapsöl
- 150 ml Gemüsebrühe
  (1/2 TL Instantpulver)
- 2 Scheiben Räucherlachs
  (à 50 g)
- 2 Frühlingszwiebeln
- 1 TL Zitronensaft
- einige Tropfen Sojasauce
- 1 TL Speisestärke
- 2 EL Wasser
- 1/2 TL Fenchelsamen
- 2 TL gehackter Kerbel
- Salz, Pfeffer

Grünes Thai-Curry mit Garnelen

 9 SmartPoints Wert™   fertig in: 20 Minuten | davon aktiv: 15 Minuten
439 kcal | 1837 kJ

Reis nach Packungsanweisung in Salzwasser garen.
Ingwer schälen und reiben. Aubergine waschen und
in kleine Würfel schneiden.

Öl in einer Pfanne auf mittlerer Stufe erhitzen,
Currypaste, Ingwer und Auberginenwürfel darin kurz
anbraten, mit Brühe und Kokosmilch ablöschen und
5–6 Minuten köcheln lassen.

Pak Choi waschen und in mundgerechte Stücke
schneiden. Garnelen abspülen und trocken tupfen.
Maiskölbchen in Stücke schneiden, mit Pak-Choi-
Stücken und Garnelen zum Curry geben und ca.
5 Minuten gar ziehen lassen.

1 Msp. Limettenschale abreiben und 1 TL Limettensaft auspressen. Thai-Curry mit Fischsauce, Limettensaft und -schale verfeinern, mit Salz und Chilipulver
würzen und mit Reis servieren.

Für 2 Personen:

- 100 g trockener Langkornreis
- Salz
- 1 Stück Ingwer (ca. 1 cm)
- 1 Aubergine
- 1 TL Sesamöl
- 2 TL grüne Curry-Würzpaste
- 75 ml Gemüsebrühe
  (1/2 TL Instantpulver)
- 3 EL fettreduzierte Kokosmilch
- 200 g Pak Choi (ersatzweise
  Chinakohl)
- 300 g küchenfertige Garnelen
- 50 g Maiskölbchen (Glas)
- 1/2 unbehandelte Limette
- 1/2 TL Fischsauce
- 1 Msp. Chilipulver

Tandoori-Hähnchenspieße mit grünem Blumenkohl

8 SmartPoints Wert

fertig in: 30 Minuten | davon aktiv: 25 Minuten
560 kcal | 2344 kJ

Backofen auf 200° C (Gas: Stufe 3, Umluft: 180° C)
vorheizen. Hähnchenbrustfilet abspülen, trocken tupfen
und würfeln. Joghurt mit Tandooripulver, Salz und
Pfeffer verrühren.

Hähnchenbrustwürfel auf 4 große oder 8 kleine Spieße
stecken, mit Joghurt-Tandoori-Mischung bestreichen,
auf ein mit Backpapier ausgelegtes Backblech legen
und im Backofen auf mittlerer Schiene 15–18 Minuten
garen, dabei gelegentlich wenden.

Blumenkohl waschen und in kleine Röschen teilen.
Koriander und Basilikum waschen und mit Brühe
pürieren. Blumenkohlröschen in der Kräuterbrühe
in einem Topf auf mittlerer Stufe mit Deckel
10–15 Minuten garen.

Naan-Brote nach Packungsanweisung erwärmen.
Blumenkohl durch ein Sieb abgießen, im Sieb verblie-
bene Kräuter unter den Blumenkohl heben und mit
Salz und Pfeffer würzen. Tandoori-Hähnchenspieße mit
Limettensaft beträufeln und mit Blumenkohl und
Naan-Brot servieren.

Für 2 Personen:

400 g Hähnchenbrustfilet
80 g Magermilchjoghurt
2 TL Tandooripulver
Salz, Pfeffer
1 kleiner Blumenkohl
1 Bund Koriander
1 Bund Basilikum
1 Liter Gemüsebrühe
   (4 1/2 TL Instantpulver)
2 Mini-Naan-Brote
1 EL Limettensaft

Kein Tandooripulver zur
Hand? Misch dir deine
eigene Gewürzmischung aus Paprikapulver, Kurkuma, Kreuzkümmel, Chilipulver und gemahlenem
Koriander.

Minestrone mit feinem Kräuter-Pistou

6 SmartPoints Wert

fertig in: 30 Minuten | davon aktiv: 20 Minuten
vegan
307 kcal | 1285 kJ

Zwiebel und Karotten schälen. Zucchini waschen und mit Zwiebel und Karotten in Würfel schneiden. 1 TL Öl in einem Topf auf mittlerer Stufe erhitzen, Zwiebel-, Karotten- und Zucchiniwürfel darin 3–5 Minuten andünsten, mit 300 ml Brühe und Tomaten ablöschen und ca. 15 Minuten garen.

Für das Pistou Rucola, Basilikum und Petersilie waschen, trocken schütteln und mit restlicher Brühe und restlichem Öl pürieren. Pistou mit Zitronenschale verfeinern und mit Salz und Pfeffer abschmecken.

Bohnen abspülen und abtropfen lassen, mit Erbsen zur Minestrone geben und erwärmen. Minestrone mit Salz und Pfeffer abschmecken und mit Pistou verfeinern.

Für 2 Personen:

- 1 Zwiebel
- 2 Karotten
- 1 Zucchini
- 2 TL Olivenöl
- 350 ml Gemüsebrühe (1 1/2 TL Instantpulver)
- 400 g stückige Tomaten (Konserve)
- 1 Handvoll Rucola
- je einige Stängel Basilikum und Petersilie
- 1 Msp. abgeriebene unbehandelte Zitronenschale
- Salz, Pfeffer
- 1 Dose weiße Riesenbohnen (250 g Abtropfgewicht)
- 100 g Erbsen (TK)

Pistou kommt aus der provenzalischen Küche und ist ein leichtes Kräutertopping, da es im Gegensatz zu Pesto weder Pinienkerne noch Parmesan enthält.

Spanisches Kartoffelgulasch

11
SmartPoints
Wert

fertig in: 30 Minuten | davon aktiv: 20 Minuten
600 kcal | 2511 kJ

Zwiebel schälen und mit Chorizo würfeln. Kartoffeln schälen und in kleine Würfel schneiden. Rosmarin waschen, trocken schütteln und hacken.

Öl in einer Pfanne auf hoher Stufe erhitzen und Tatar darin krümelig anbraten. Zwiebel-, Chorizo-, Kartoffel-würfel und Rosmarin dazugeben, kurz mitbraten, mit Brühe und Tomaten ablöschen und mit Deckel 5–10 Minuten köcheln lassen.

Paprika waschen, entkernen, in schmale Streifen schneiden, zu den Kartoffeln geben und weitere ca. 10 Minuten garen. Kartoffelgulasch mit Salz, Pfeffer, Paprikapulver und Cayennepfeffer würzen und servieren.

Für 2 Personen:

1 Zwiebel
30 g Chorizo
600 g festkochende Kartoffeln
1 Zweig Rosmarin
1 TL Olivenöl
300 g Tatar
250 ml Gemüsebrühe
   (1 TL Instantpulver)
400 g passierte Tomaten
   (Konserve)
je 1 gelbe und grüne Paprika
Salz, Pfeffer
1 TL Paprikapulver
1/2 TL Cayennepfeffer

Asiatischer Garnelen-Eier-Salat

 7 SmartPoints Wert

fertig in: 30 Minuten | davon aktiv: 15 Minuten
307 kcal | 1285 kJ

2 TL Öl in einer Pfanne auf hoher Stufe erhitzen, Garnelen darin 2–3 Minuten rundherum anbraten und herausnehmen. Chinesischen Broccoli waschen, Blätter zur Seite stellen, dickere Stiele halbieren, in die Pfanne geben und im Bratensatz auf mittlerer Stufe ca. 2 Minuten anbraten. Knoblauch dazupressen, mit Broccoliblättern unter Rühren ca. 1 Minute braten und herausnehmen.

Chilischote waschen, entkernen und fein würfeln. Nudeln nach Packungsanweisung in Salzwasser garen. Eier verquirlen und mit Salz und Pfeffer würzen. Restliches Öl in einer Pfanne auf mittlerer Stufe erhitzen, Eier zugeben und unter Rühren ca. 4 Minuten stocken lassen.

Nudeln abgießen, mit Garnelen und Broccoli zu den gestockten Eiern geben und erwärmen. Soja- und Fischsauce hinzufügen, vermischen und mit Pfeffer würzen. Asiatischen Garnelen-Eier-Salat servieren.

Für 4 Personen:

- 3 TL Rapsöl
- 250 g küchenfertige Garnelen
- 1 Bund chinesischer Broccoli (alternativ 300 g Pak Choi)
- 2 Knoblauchzehen
- 1 rote Chilischote
- 150 g trockene Reisnudeln
- 2 Eier (Größe M)
- Salz, weißer Pfeffer
- 6 EL süße Sojasauce
- 2 EL Fischsauce

Chinesischer Broccoli auch Kai-lan genannt, ist ein Blattgemüse, welches mit Blättern und Stielen zubereitet wird. Du findest ihn im Asia Laden.

Süßkartoffelpuffer mit Rinderfiletsalat

 11 SmartPoints Wert fertig in: 40 Minuten | davon aktiv: 30 Minuten
494 kcal | 2067 kJ

Für das Dressing 1/2 TL Limettenschale abreiben und Limettenhälfte auspressen. Limettenschale und -saft mit Joghurt und gemahlenem Koriander verrühren und mit Salz und Pfeffer abschmecken. Gurken schälen, längs halbieren, Kerne mit einem Löffel entfernen und Gurkenhälften mit einem Sparschäler in lange Streifen schneiden.

Für die Puffer Zwiebel schälen und in kleine Würfel schneiden. Apfel vierteln und entkernen. Süßkartoffeln, Ingwer und Apfel schälen. Ingwer reiben und Süß- kartoffeln und Apfel grob raspeln. Süßkartoffel- und Apfelraspel mit Ingwer, gehacktem Koriander und der Hälfte der Zwiebelwürfel vermischen und mit Mehl, Salz und Pfeffer verkneten.

1 TL Öl in einer Pfanne auf mittlerer Stufe erhitzen und darin aus der Hälfte der Süßkartoffelmasse 3 kleine Puffer 3–5 Minuten von jeder Seite braten. Puffer herausnehmen und im Backofen bei 60° C warm stellen. 1 TL Öl im Bratensatz erhitzen und aus der restlichen Masse 3 weitere Puffer backen.

Rinderfilet trocken tupfen und in dünne Streifen schneiden. Restliches Öl in einer Pfanne auf mittlerer bis hoher Stufe erhitzen und Filetstreifen darin 2–3 Minuten rundherum anbraten. Gurken- und Filetstreifen mit restlichen Zwiebelwürfeln und Dres- sing vermischen und mit Salz und Pfeffer abschme- cken. Süßkartoffelpuffer mit Rinderfiletsalat servieren.

Für 2 Personen:

- 1/2 unbehandelte Limette
- 3 EL Magermilchjoghurt
- 2 Msp. gemahlener Koriander
- Salz, Pfeffer
- 2 kleine Salatgurken
- 1 rote Zwiebel
- 1 mürber Apfel (z. B. Boskop)
- 250 g Süßkartoffeln
- 1 Stück Ingwer (ca. 2 cm)
- 1 TL gehackter Koriander
- 2 EL Mehl
- 3 TL Rapsöl
- 250 g Rinderfilet

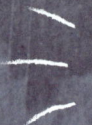

Den Teig am besten sofort verar- beiten, damit er kein Wasser zieht.

Schaschlikspieße mit Paprikasauce

 9 SmartPoints Wert

fertig in: 35 Minuten | davon aktiv: 25 Minuten
496 kcal | 2076 kJ

Zwiebeln schälen und in Streifen schneiden. Gewürzgurken in Stifte schneiden. Paprika waschen und entkernen. Grüne Paprika in Stücke und restliche Paprika
in Streifen schneiden. Gemüsezwiebel schälen und in
Spalten schneiden. Schweinefilet trocken tupfen und
in Stücke schneiden.

1 TL Öl in einer Pfanne auf mittlerer Stufe erhitzen
und Zwiebelstreifen darin glasig andünsten. Gewürz-
gurkenstifte, Tomatenmark und Paprikastreifen dazugeben und 2–3 Minuten mitdünsten. Mit Brühe und
Tomaten ablöschen und ca. 10 Minuten köcheln
lassen.

Schweinefiletstücke mit Gemüsezwiebelspalten und
Paprikastücken abwechselnd auf 8 Spieße stecken und
mit Salz, Pfeffer und 1 TL Paprikapulver würzen. Restliches Öl in einer Pfanne erhitzen und Schaschlikspieße darin 7–8 Minuten rundherum braten. Paprikasauce mit Honig verfeinern und mit Salz, Pfeffer und
restlichem Paprikapulver würzen. Schaschlikspieße mit
Paprikasauce und Brötchen servieren.

Für 4 Personen:

- 2 Zwiebeln
- 4 Gewürzgurken
- je 1 rote, gelbe und grüne
  Paprika
- 1 Gemüsezwiebel
- 480 g Schweinefilet
- 4 TL Olivenöl
- 1 EL Tomatenmark
- 175 ml Gemüsebrühe
  (1 TL Instantpulver)
- 200 g passierte Tomaten
  (Konserve)
- Salz, Pfeffer
- 2 TL Paprikapulver
- 1 TL Honig
- 4 Mehrkornbrötchen

Quinoa-Gemüse-Pizzen

11
SmartPoints
Wert

fertig in: 45 Minuten | davon aktiv: 35 Minuten
glutenfrei
260 kcal | 1088 kJ

Quinoa in Salzwasser ca. 10 Minuten vorgaren.
Zwiebel schälen und würfeln. Aubergine, Zucchini
und Tomaten waschen und in kleine Würfel schneiden.
Oregano und Thymian waschen, trocken schütteln und
hacken. Backofen auf 200° C (Gas: Stufe 3, Umluft:
180° C) vorheizen.

Quinoa abgießen und mit Essig, Pecorino, 2 TL Öl,
Salz und Pfeffer zu einer cremigen Masse pürieren.
Quinoamasse auf einem mit Backpapier ausgelegten
Backblech zu 2 Pizzaböden (Ø ca. 18 cm) verstreichen
und im Backofen auf mittlerer Schiene 18–20 Minuten
backen.

Restliches Öl in einer Pfanne auf mittlerer bis hoher
Stufe erhitzen, Zwiebel-, Auberginen-, Zucchini- und
Tomatenwürfel dazugeben, mit Salz würzen und
7–8 Minuten dünsten. Gegebenenfalls ausgetretene
Flüssigkeit abgießen, Gemüse mit Oregano und Thymian verfeinern und mit Salz und Pfeffer abschmecken. Rucola waschen und trocken schütteln. Gemüse
auf den Pizzaböden verteilen und mit Rucola belegen.
Quinoa-Gemüse-Pizzen servieren.

Für 2 Personen:

- **20 g trockener Quinoa**
- **Salz, Pfeffer**
- **1 Zwiebel**
- **1 Aubergine (ca. 300 g)**
- **1 kleine Zucchini**
- **2 Tomaten**
- **2 Stängel Oregano**
- **2 Zweige Thymian**
- **1 TL heller Balsamicoessig**
- **4 EL geriebener Pecorino**
  (ersatzweise Parmesan)
- **3 TL Olivenöl**
- **1 Handvoll Rucola**

Nigiri Sushi mit Thunfisch und Lachs

fertig in: 30 Minuten | davon aktiv: 20 Minuten
267 kcal | 1117 kJ

Reis nach Packungsanweisung garen. Essig, Zucker und Salz in einem Topf kurz aufkochen und mit Reis vermischen. Reis zu 8 länglichen Bällchen formen, leicht flach drücken und jeweils etwas Wasabi darauf verstreichen.

Lachs- und Thunfischfilet abspülen, trocken tupfen und in jeweils 4 Scheiben schneiden. Jedes Reisbällchen mit 1 Scheibe Fischfilet belegen und leicht andrücken. Nigiri Sushi mit Sojasauce servieren.

Für 2 Personen:

- **70 g trockener Sushireis**
- **3 EL Reisessig**
- **1 EL Zucker**
- **Salz**
- **1/4 TL Wasabi-Paste**
- **60 g Lachsfilet**
- **60 g Thunfischfilet**
- **4 EL Sojasauce**

Schnelle Asia-Nudel-Suppe

fertig in: 15 Minuten | davon aktiv: 15 Minuten
vegetarisch
363 kcal | 1519 kJ

Frühlingszwiebeln waschen und in Ringe schneiden. Karotte schälen und in dünne Stifte schneiden. Paprika waschen, entkernen und in kleine Würfel schneiden.

Mie-Nudeln mit Frühlingszwiebelringen, Karottenstiften und Paprikawürfeln in eine Suppenschale geben, mit Brühe übergießen und ca. 5 Minuten ziehen lassen.

Koriander waschen, trocken schütteln und hacken. Asia-Nudel-Suppe mit Salz und Pfeffer abschmecken und mit Koriander bestreut servieren.

Für 1 Person:

- **2 Frühlingszwiebeln**
- **1 kleine Karotte**
- **1 kleine rote Paprika**
- **70 g trockene Mie-Nudeln**
- **500 ml heiße Gemüsebrühe**
  (2 TL Instantpulver)
- **3 Stängel Koriander**
- **Salz, Pfeffer**

Reisnudelsalat mit gebratenem Tintenfisch

6 SmartPoints Wert

fertig in: 30 Minuten I davon aktiv: 20 Minuten
287 kcal I 1205 kJ

Papaya und Gurke schälen, entkernen und grob reiben. Frühlingszwiebeln waschen und in Ringe schneiden. Nudeln nach Packungsanweisung in Salzwasser garen, abgießen und mit Hilfe einer Schere in ca. 5 cm lange Stücke schneiden.

Nudeln mit Papaya- und Gurkenraspeln, Frühlingszwiebelringen, Basilikum und Minze verrühren. Limettensaft und Asia-Chilisauce vermischen und mit Salat vermengen.

Tintenfischtuben abspülen, trocken tupfen, mit einem Messer öffnen, in 4 cm große Stücke schneiden und das Innere kreuzförmig einritzen. Mehl, Salz und Pfeffer in einem tiefen Teller vermischen und Tintenfischstücke darin wälzen. Öl portionsweise in einer Pfanne auf mittlerer Stufe erhitzen und Tintenfischstücke ca. 5 Minuten rundherum braten. Reisnudelsalat mit gebratenem Tintenfisch servieren.

Für 4 Personen:

- 1 grüne Papaya
- 1 Salatgurke
- 2 Frühlingszwiebeln
- 125 g trockene Reisnudeln
- Salz, Pfeffer
- 1 EL gehacktes Basilikum
- 1 EL gehackte Minze
- 2 EL Limettensaft
- 1 EL süße Asia-Chilisauce
- 600 g küchenfertige Tintenfischtuben
- 2 TL Mehl
- 1 TL Meersalz
- 1/2 TL grob gemahlener Pfeffer
- 2 TL Rapsöl

Chicken Nuggets mit Barbecuedip

5 SmartPoints Wert

fertig in: 35 Minuten | davon aktiv: 20 Minuten
251 kcal | 1050 kJ

Backofen auf 180° C (Gas: Stufe 2, Umluft: 160° C) vorheizen. Hähnchenbrustfilet abspülen, trocken tupfen und in Stücke schneiden. Cornflakes zerbröseln und mit Sesam mischen. Ei mit Salz und Pfeffer verquirlen. Hähnchenbruststücke erst in Mehl, dann in Ei und zum Schluss in Cornflakes-Sesam-Mischung wenden. Chicken Nuggets auf ein mit Backpapier ausgelegtes Backblech legen und im Backofen auf mittlerer Schiene 15–20 Minuten backen.

Für den Dip Tomaten in einem Topf auf mittlerer Stufe erhitzen, mit Senf, Worcestersauce, Essig, Rauchsalz, Honig und Chilipulver verfeinern, mit Salz und Pfeffer würzen und 12–15 Minuten köcheln lassen. Chicken Nuggets mit Barbecuedip servieren.

Für 4 Personen:

- 400 g Hähnchenbrustfilet
- 60 g Cornflakes
- 2 EL Sesam
- 1 Ei (Größe M)
- Salz, Pfeffer
- 1 EL Mehl
- 200 g passierte Tomaten (Konserve)
- 1 TL Senf
- 1 TL Worcestersauce
- 1 EL dunkler Balsamicoessig
- 1/4 TL Rauchsalz
- 1 TL Honig
- 1 Msp. Chilipulver

Indisches Kartoffel-Blumenkohl-Curry

 8 SmartPoints Wert

fertig in: 40 Minuten | davon aktiv: 20 Minuten
vegan
302 kcal | 1264 kJ

Blumenkohl waschen und in kleine Röschen zerteilen. Kartoffeln schälen und würfeln. Zwiebel und Ingwer schälen, Zwiebel in Streifen schneiden und Ingwer reiben.

Öl in einem Topf auf mittlerer Stufe erhitzen und Blumenkohlröschen mit Kartoffelwürfeln, Zwiebelstreifen und Ingwer darin ca. 3 Minuten anbraten. Knoblauch dazupressen, Currypaste kurz mitbraten, mit Kokosmilch und Brühe ablöschen und mit Deckel ca. 20 Minuten köcheln lassen.

Koriander waschen, trocken schütteln und hacken. Kartoffel-Blumenkohl-Curry mit Mandelmus verfeinern, mit Salz und Pfeffer abschmecken und mit Koriander und Cashewkernen bestreut servieren.

Für 2 Personen:

1 kleiner Blumenkohl
  (ca. 500 g)
200 g festkochende Kartoffeln
1 kleine Zwiebel
1 Stück Ingwer (ca. 2 cm)
1 TL Sesamöl
1 Knoblauchzehe
1 EL gelbe Curry-Würzpaste
3 EL fettreduzierte Kokosmilch
300 ml Gemüsebrühe
  (1 1/2 TL Instantpulver)
3 Stängel Koriander
2 TL Mandelmus
Salz, Pfeffer
1 EL gehackte, geröstete
  Cashewkerne

Eine schnelle Alternative
ist die Weight Watchers
Indische Gemüsepfanne für
13 SmartPoints.

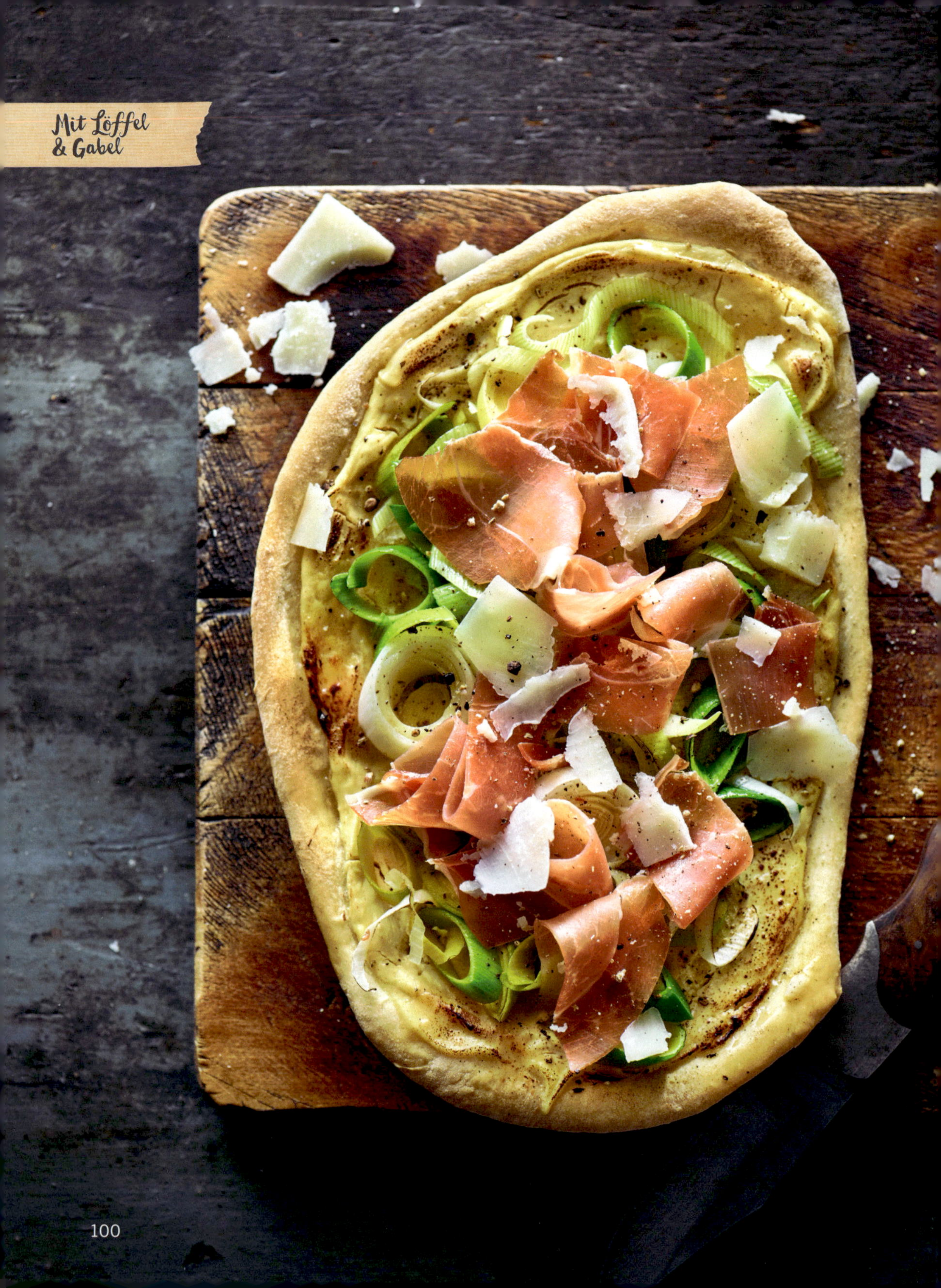

Knusprige Pizzafladen mit Serranoschinken

 8 SmartPoints Wert
fertig in: 90 Minuten | davon aktiv: 20 Minuten
332 kcal | 1389 kJ

Hefe zerbröseln und in Wasser auflösen. Mehl in eine Schüssel geben, in die Mitte eine Vertiefung drücken und Hefemischung hineingießen. Mit etwas Mehl verrühren und Vorteig an einem warmen Ort zugedeckt ca. 15 Minuten gehen lassen. Öl und 1 TL Salz dazugeben, zu einem glatten Teig verkneten und weitere ca. 30 Minuten gehen lassen.

Backofen auf 200° C (Gas: Stufe 3, Umluft: 180° C) vorheizen. Teig erneut gut durchkneten, vierteln, zu länglichen, ovalen Teigfladen (ca. 22 x 10 cm) ausrollen, auf ein mit Backpapier ausgelegtes Backblech legen und weitere ca. 15 Minuten gehen lassen.

Lauch waschen und in Ringe schneiden. Für die Creme Frischkäse mit Senf verrühren und mit Salz und Pfeffer würzen. Pizzafladen mit Frischkäse-Senf-Creme bestreichen, mit Lauchringen belegen und im Backofen auf mittlerer Schiene ca. 25 Minuten backen. Schinken in Streifen schneiden, Pizzafladen mit Schinkenstreifen und Parmesanhobel bestreuen und servieren.

Für 4 Personen:

- 1/2 Würfel Hefe
- 110 ml lauwarmes Wasser
- 200 g Mehl
- 1 TL Rapsöl
- Salz, Pfeffer
- 2 Stangen Lauch
- 150 g Frischkäse, bis 1 % Fett absolut
- 1 EL Senf
- 80 g Serranoschinken
- 4 EL Parmesanhobel

Asiatischer Hähnchensalat mit Erdnussdressing

5 SmartPoints Wert™

fertig in: 35 Minuten | davon aktiv: 30 Minuten
319 kcal | 1335 kJ

Peperoni waschen, entkernen und in kleine Würfel schneiden. Für das Dressing Erdnusscreme mit Brühe, Sojasauce und Zitronensaft pürieren und Peperoniwürfel unterheben.

Chinakohl waschen und Boden samt Strunk entfernen. Karotten schälen und mit Chinakohl in schmale Streifen schneiden. Frühlingszwiebeln und Mungobohnensprossen waschen. Frühlingszwiebeln in Ringe schneiden, Mungobohnensprossen abtropfen lassen, mit Chinakohl-, Karottenstreifen und Dressing vermischen und kurz ziehen lassen.

Hähnchenbrustfilet abspülen, trocken tupfen und in große Würfel schneiden. Hähnchenbrustwürfel auf 4 Spieße stecken und mit Salz, Pfeffer und Paprikapulver würzen.

Öl in einer Pfanne auf mittlerer Stufe erhitzen, Hähnchenbrustspieße darin ca. 8 Minuten rundherum braten, auf dem Salat anrichten und mit Koriander bestreuen. Asiatischen Hähnchensalat servieren.

Für 2 Personen:

- 1 kleine rote Peperoni
- 2 EL Erdnusscreme
- 100 ml Gemüsebrühe (1/2 TL Instantpulver)
- 1 EL Sojasauce
- 4 TL Zitronensaft
- 1/4 Chinakohl (ca. 350 g)
- 2 Karotten
- 1/2 Bund Frühlingszwiebeln
- 100 g Mungobohnensprossen
- 240 g Hähnchenbrustfilet
- Salz, Pfeffer
- 1 TL Paprikapulver
- 1 TL Rapsöl
- 1 EL gehackter Koriander

Surf-and-Turf-Spieße auf Papayasalat

5 SmartPoints Wert

fertig in: 30 Minuten | davon aktiv: 30 Minuten
low carb
390 kcal | 1632 kJ

Bohnen in Salzwasser ca. 5 Minuten garen. Für das Dressing Thaibasilikum waschen und Limette auspressen. Limettensaft mit Thaibasilikum, Brühe und Sesamöl pürieren und mit Salz abschmecken. Bohnen abgießen, kalt abspülen und abtropfen lassen.

Für den Salat Papaya schälen, halbieren, Kerne mit einem Löffel entfernen und Fruchtfleisch in schmale Streifen schneiden. Tomaten waschen und in dünne Spalten schneiden. Papayastreifen mit Tomatenspalten, Bohnen und Dressing vermischen und mit Salz und Pfeffer abschmecken.

Für die Surf-and-Turf-Spieße Garnelen abspülen und mit Rinderfilet trocken tupfen. Rinderfilet in große Würfel schneiden und abwechselnd mit Garnelen auf 2 Spieße stecken. Rapsöl in einer Pfanne auf mittlerer bis hoher Stufe erhitzen, Spieße darin 4–5 Minuten rundherum braten und mit Salz, Pfeffer und Paprikapulver würzen. Surf-and-Turf-Spieße auf Papayasalat servieren.

Für 2 Personen:

- 150 g grüne Bohnen (TK)
- Salz, Pfeffer
- 6 Stängel Thaibasilikum
- 1 Limette
- 75 ml Gemüsebrühe (1/2 TL Instantpulver)
- 1 TL Sesamöl
- 1 Papaya
- 3 Tomaten
- 150 g küchenfertige Riesengarnelen
- 200 g Rinderfilet
- 2 TL Rapsöl
- 1/2 TL Paprikapulver

Thaibasilikum erhältst du im gut sortierten Supermarkt und im Asia Laden. Wenn du einen Balkon oder Garten hast, kannst du dir auch dein eigenes Thaibasilikum züchten.

„Mit meiner neuen Power schaffe ich den schwarzen Gürtel"

Mittags Fast Food, abends mit Kunden ins Restaurant: Als Angestellter im Außendienst hat Frank lange Zeit nicht auf seine Ernährung geachtet. 20 Kilo leichter ist der leidenschaftliche Karatekämpfer heute und peilt seinen ersten schwarzen Gürtel an.

Name: Frank
Alter: 42 Jahre
Erfolg: -20 kg
Teilnahme: Online

Weight Watchers: Muss man für Karate eigentlich schlank sein?

Nein, denn jeder kann die Bewegungsabläufe so ausführen, wie es für ihn funktioniert. Ich selbst habe viele Jahre auch mit meinen Kilos Karate gemacht. Aber meine Bewegungen sehen heute schon besser und geschmeidiger aus. Ich habe mehr Power und kann mehr Druck machen.

Was war der Auslöser, dich bei Weight Watchers anzumelden?

Ich hatte einen neuen Pullover gekauft. Meine Frau machte ein Foto von mir und zeigte es mir. Der Pulli war toll, der Mann, der drinsteckte, hatte zu viele Kilos. Das Foto öffnete mir die Augen und ich meldete mich bei Weight Watchers Online an. Vor Jahren hatte ich schon einmal erfolgreich mit Weight Watchers abgenommen – aber durch meinen Außendienst-Job und das Familienleben hatten sich einige Kilos wieder angesammelt.

Ein Job im Außendienst ist doch sicher eine Herausforderung, wenn man abnehmen will?

Ja, ich bin viel unterwegs, fahre bis zu 70.000 Kilometer im Jahr, übernachte oft in Hotels. Anfangs habe ich auch komplett auf Schweinsbraten und Bier verzichtet – was mir als Franke sehr schwer gefallen ist. Heute genieße ich in Maßen: Ich esse nur so viel, bis ich satt bin. Selbst wenn auf dem Teller nur noch zwei Gabeln übrig sind: Ich lasse sie konsequent liegen.

Wie hast du es geschafft, durchzuhalten?

Je mehr ich abgenommen habe, umso fitter wurde ich. Und je fitter ich wurde, umso mehr hat mich das motiviert! So habe ich auch das Mountainbiken wiederentdeckt. Das Bike lag lange in der Ecke, dann habe ich es reaktiviert. Wichtig ist, dass einem der Sport wirklich Spaß macht – dann schafft man seine Ziele.

Warum glaubst du, dass du dein Gewicht diesmal halten kannst?

Vor zehn Jahren habe ich gar nicht so richtig realisiert, was ich an meinem neuen schlanken Ich hatte. Heute ist das anders, ich weiß das viel mehr zu schätzen.

Und wenn du dir heute das Pulli-Foto anschaust …

Das wurde damals sofort gelöscht. Ich kann mich aber noch gut an das Gefühl von damals erinnern – und bin so glücklich, dass es mir heute so gut geht und ich auch meinen beiden Kindern ein Vorbild sein kann. Auch ein Mann in den 40ern muss keinen Bauch haben!

Wenn du wie Frank durchstarten möchtest, dann schau einfach bei einem Treffen oder Online vorbei:

www.weightwatchers.de/treffen

Franks Erfolgstipps:

- Ich wiege mich regelmäßig – auch im Hotel. Mir hilft das, um nicht in die Augen-zu-und-durch-Haltung von früher zu rutschen.

- Was man sich wirklich abgewöhnen muss ist der Schokoriegel zwischendurch. Das ist aber nur eine Frage der Gewöhnung: Denn da ich eigentlich immer angenehm satt bin, kann ich dem Verlangen inzwischen auch gut widerstehen.

- Wenn ich mittags Rast mache, nehme ich mir immer zehn Minuten Zeit, um mir mal die Füße zu vertreten: Jede Bewegung zählt!

Autorin: Silke Bruns
Fotografin: Tania Walck

Register nach Alphabet

Lust auf...

... Asiatisches?

... Exotisches?

... Fisch und Meeresfrüchte?

... Geflügel?

... Klassiker?

... low carb?

... Mediterranes?

... Orientalisches?

Deine Meinung ist gefragt!

Wie gefällt dir dieses Buch?
Sind deine Erwartungen erfüllt? Hast du Anregungen oder Ideen?
Jedes Lob, aber auch Kritik hilft uns dabei, noch besser zu werden.

Wir freuen uns auf deine Bewertung dieses Kochbuchs unter:
weightwatchers-shop.de

Oder schicke uns eine E-Mail an:
leserservice@weight-watchers.de

Dein Weight Watchers Leserservice

Diese Bücher könnten dir auch gefallen!

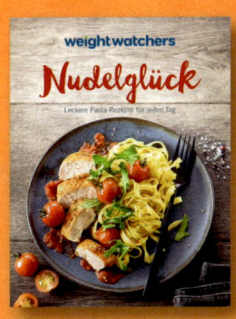

Klassiker wie Bolognese, Leckeres mit Fisch und vegetarische Gerichte präsentieren die ganze Vielfalt der Pastaküche.
ISBN 978-3-9817908-2-5

Mit Power durch den Tag! Frische Rezepte, die Körper und Geist fit halten - so einfach und lecker kann gesunde Ernährung sein.
ISBN 978-3-9817908-5-6

Impressum

Redaktion
Weight Watchers
Claudia Braun, Claudia Thienel

Realisierung
The Food Professionals Köhnen AG, Sprockhövel

Projektleitung
Silke Höpker

Rezepte
Peta Dent (S. 50), Alexandra Elliott (S. 85), Kirrily La Rosa (S. 94),
Gemma Luongo (S. 8), Liz Macri (S. 27), Sally Parker (S. 49),
Tracy Rutherford (S. 54), Ingrid Schmand, Kathrin Schmitt

Versuchsküche
Judith Balks, Dennis Webers

Fotografie
Klaus Arras, Florian Bonanni (S. 43), Carsten Eichner, Cath Muscat
(S. 84), Rob Palmer (S. 26), Dirk Przibylla, Hubertus Schüler,
John Paul Urizar (S. 9, 55)

Foodstyling
Katja Briol, Marc Fleischer, Maren Jahnke, Stefan Mungenast

Gestaltungskonzept und Grafik
The Food Professionals Köhnen AG, Sprockhövel
Petra Penker, Anja Reins

Druck
paffrath print & medien GmbH, Remscheid

1. Auflage 2017

weightwatchers
Info-Hotline 01802-23 45 64*
www.weightwatchers.de

PEFC zertifiziert
Dieses Papier stammt aus nachhaltig bewirtschafteten Wäldern
und kontrollierten Quellen.

PEFC
PEFC/04-31-1066

www.pefc.de